W0307857

Knaur
MensSana

Über die Autorin:

Mina Hamilton ist ausgebildete Stressbewältigungs- und Kripalu-Yoga-Lehrerin. Sie beschäftigt sich mit den Themen Umwelt, Gesundheit und körperliches Wohlbefinden, worüber sie zahlreiche Artikel in bekannten Magazinen veröffentlicht hat. Sie lebt und arbeitet in New York.

Mina Hamilton

Entspannt durch den Tag

40 Ruhe-Inseln in der
alltäglichen Hektik

Aus dem Amerikanischen
von Katrin Marburger

Knaur
MensSana

Die amerikanische Originalausgabe erschien 2001
unter dem Titel *Serenity To Go*
bei New Harbinger Publications, Oakland/USA

Besuchen Sie uns im Internet: www.droemer-knaur.de
Alle Titel aus dem Bereich MensSana finden Sie im Internet unter
www.knaur-mens-sana.de

Vollständige Taschenbuchausgabe 2004

Knaur Taschenbuch. Ein Unternehmen der Droemerschen Verlagsanstalt
Th. Knaur Nachf. GmbH & Co. KG, München

Umschlaggestaltung: ZERO Werbeagentur, München
Umschlagabbildung: Fine Pic
Satz: Pinkuin Satz und Datentechnik, Berlin
Druck und Bindung: Nørhaven Paperback, A/S
Printed in Denmark
ISBN 3-426-87215-3

2 4 5 3 1

Für Abby,
deren Liebe und Unterstützung
für mich so wichtig waren

Inhalt

Willkommen bei

Entspannt durch den Tag

Was Sie auf dieser Reise brauchen

Ganz gleich, ob Ihnen vor Wut schlecht wird, weil Sie wieder einmal im Stau stehen, oder ob Sie in der Schlange an der Supermarktkasse »Mordlust« verspüren – *Entspannt durch den Tag* zeigt Ihnen, dass Sie daran etwas ändern können. Sie können in den unglaublichsten Situationen gelassen bleiben. In Situationen, in denen Sie bisher nur dachten: »Augen zu und durch!« Oder: »Das ertrage ich keine Sekunde länger!«

Sie finden, das klingt übertrieben optimistisch? Lesen Sie ein paar Seiten weiter, bevor Sie sagen: »Unmöglich!« Ich werde Sie auffordern, solche Momente als reiche, fruchtbare Augenblicke zu betrachten, in denen zahlreiche Möglichkeiten verborgen sind. Mithilfe der einfachen, beruhigenden Übungen auf den folgenden Seiten lernen Sie, mit ihnen anders umzugehen, sodass Sie darin Ruhe und Gelassenheit finden und interessante, vielleicht sogar schöne Dinge entdecken. Außerdem lernen Sie, aus ärgerlichen Situationen neutrale, normale oder sogar außergewöhnliche und lustige Momente zu machen.

Wahrscheinlich sind Sie jetzt schon leicht genervt. »Was will die eigentlich von mir? Was soll ich tun? Was soll ich aufgeben?« Keine Panik. Sie brauchen weder eine bombastische Ausrüstung, noch müssen Sie einen weißen Turban aufsetzen und im Lotussitz ausharren. Sie müssen weder auf dem Kopf stehen noch sich verbiegen, als wären Sie eine Brezel. Und Schokolade und Cappuccino sind auch nicht verboten.

Eines brauchen Sie allerdings für diese Reise: Aufgeschlossenheit. Sie mögen nun entgegnen: »Oh, ich bin ein absolut aufgeschlossener Mensch!« Natürlich sind Sie das. Aber vielleicht können Sie versuchen, *noch* ein wenig aufgeschlossener zu werden. Schauen wir uns kurz an, was mit Aufgeschlossenheit überhaupt gemeint ist.

Erstens beinhaltet Aufgeschlossenheit eine gewisse Experimentierfreudigkeit. Etwas Neues auszuprobieren, auch wenn es zunächst albern oder blöd erscheint. (Solche Urteile können Verteidigungsmechanismen sein, die Sie anführen, um nichts ausprobieren zu müssen.) Zweitens gehört dazu die Bereitschaft, einige Ihrer uralten Ansichten zu überdenken, neu zu betrachten und, wenn nötig, über Bord zu werfen. Wie ein Grauwal, dessen Haut von Krebsen überkrustet ist, so sind Sie gespickt mit Gewohnheiten. Das meine ich nicht persönlich – es geht uns allen so. Sie, ich, jeder liebt Gewohnheiten. Wir sind süchtig danach. Sie sind uns vertraut. Sie sind bequem, auch dann, wenn sie eigentlich ziemlich altmodisch sind.

Auf alle möglichen Reize reagieren Sie mit bestimmten Verhaltensmustern. Hm. Wie war das noch gleich mit der Aufgeschlossenheit? Mit der Experimentierfreudigkeit? *Entspannt durch den Tag* zeigt Ihnen einfache Möglichkeiten, um anders oder auch überhaupt nicht – zu reagieren, kurz, um Ihre Gewohnheiten zu verändern. Vielleicht haben Sie bislang keinen Gedanken an die Folgen Ihrer alten Gewohnheiten verschwendet. Dennoch werden Sie bald merken, dass Sie sich mit den neuen Gewohnheiten sehr viel besser fühlen. Weniger gestresst. Ruhiger.

Sehen wir uns eine Situation an, die häufig vorkommt und die Sie schrecklich finden. Zum Beispiel, wenn jemand pausenlos, aber wirklich pausenlos, auf die Autohupe drückt. Ob Sie gerade mit einem Fliederstrauß für Ihren Schatz auf dem Bürgersteig stehen oder im Auto hocken und warten, dass der Stau sich auflöst, das Gehupe geht ihnen auf die

Nerven. Unwillkürlich schießen Ihnen Gedanken durch den Kopf wie: »Kann dieser Trottel vielleicht mal aufhören?«, »Vollidiot!«, »Rücksichtslose Autofahrer sind wirklich das Letzte!«

Jedes Mal, wenn Sie das grauenhafte Hupgeräusch hören, tauchen die gleichen Gedanken auf. Sie sind Ihnen so vertraut, kommen so automatisch, dass sie Ihnen kaum bewusst werden. Trotzdem haben sie großen Einfluss auf Ihr Leben. Denn Sie ärgern sich, und das wirkt sich auf Ihren Körper aus. Ihr Herz hämmert, Ihr Blutdruck steigt, Stresshormone werden ausgeschüttet. Rein physiologisch sind Sie bereit, jemandem eine Ohrfeige zu verpassen.

Vielleicht protestieren Sie jetzt: »Was soll das heißen, meine *Gedanken* machen mich rasend? Das liegt doch an dem unverschämten *Autofahrer*!« Klar, es liegt an dem Fahrer, aber auch an Ihnen und Ihrer Art, auf ihn zu reagieren. Wenn Sie nun einfach ein paar Mal tief durchatmen würden? Oder wenn Sie überhaupt nicht darauf reagieren würden? Wenn Sie zum Himmel hinaufschauen und sich an einer prächtigen Wolkenformation freuen würden? Dieser Mensch drückt immer noch auf seine Hupe, aber das *berührt* Sie dann überhaupt nicht mehr. Sie haben beschlossen, die Situation anders zu erleben. Ja, ich weiß, das ist nicht leicht. Darum brauchen Sie eine behutsame Anleitung. Sie müssen Ihre Entspannungstechniken *üben*. Es ist nicht so, dass sich von heute auf morgen Ihr ganzes Leben ändern wird. (Ich wünschte, das könnte ich Ihnen versprechen, aber das wäre weder aufrichtig noch fair.)

Was gehört noch zu einem aufgeschlossenen Menschen? Er ist flexibel. Er betrachtet eine Situation aus verschiedenen Blickwinkeln. Er ist bereit – wenn auch vielleicht etwas brummig oder widerwillig – zuzugeben: »Na ja, mein Standpunkt muss ja nicht unbedingt der richtige sein.« Ein aufgeschlossener Mensch kann sagen: »He, dieser ›Trottel‹ ist ja gar kein Trottel. Er hat sich einfach geirrt. Er hat es nicht mit Absicht getan.« Ein aufgeschlossener Mensch kann vielleicht sogar zugeben: »Na, das Gleiche ist mir auch schon einmal passiert.«

Für diese Reise brauchen Sie auf jeden Fall Humor. Wir werden einiges tun, das Sie im ersten Moment vielleicht verunsichern wird. Auch wenn die meisten in diesem Buch beschriebenen Entspannungstechniken unauffällig angewendet werden können, werden Sie sich vielleicht manchmal komisch vorkommen. Zum Beispiel werden Sie an ungewöhnlichen Orten Dehnübungen machen.

Im einundzwanzigsten Jahrhundert laufen die Leute mit den knappsten Klamotten auf der Straße herum, Frauen etwa mit einem violetten Jogging-BH und einer Shorts, die gerade eben den Po bedeckt. Vor dem Joggingfieber, das in den Siebzigerjahren ausbrach, wäre es undenkbar gewesen, sich halb nackt in den feinsten Gegenden der Städte zu zeigen. Heute machen Sie entweder selbst mit oder zucken nicht einmal mit der Wimper, wenn jemand anderes es tut.

Vielleicht ist die Warteschlange am Postschalter Ihr neues Trainingsgelände für Ihre Dehnübungen. Oder auch ein voller Bus oder Zug. Obwohl die meisten in der Öffentlichkeit durchzuführenden Übungen aus *Entspannt durch den Tag* sehr unauffällig sind und im Grunde nichts davon zu sehen ist, werden Sie manchmal bestimmt das *Gefühl* haben aufzufallen, auch wenn das nicht stimmt. Nur zu, lassen Sie es darauf ankommen. Warum nicht selbst zum Trendsetter werden, genau wie die Jogger in den Siebzigerjahren?

Außerdem werden Sie in unerwarteten Situationen bewusst atmen. Sogar bei dem vollkommen natürlichen, biologisch notwendigen Vorgang des Atmens können wir uns gehemmt fühlen. Wenn uns nun jemand hört oder bemerkt?

Wie bitte – rundherum quasseln Leute in ihre Handys, hören CDs oder grölen betrunken herum, und Sie trauen sich nicht zu atmen?
Jedes Mal, wenn sich in Ihnen ein solcher Widerstand regt, könnten Sie sich fragen: »Ist das ein Beispiel für Aufgeschlossenheit oder eine überholte Art zu denken?«, »Klebe ich an einer Verhaltensweise des zwanzigsten Jahrhunderts?«, »Wie kann ich mich selbst mit List und Tücke und ein wenig Nachdruck so ummodeln, dass meine Denkart besser zum glanzvollen neuen Jahrtausend passt?«
Mit welchen Hilfsmitteln können Sie diesen Augenblick nun verändern? Eine Antwort auf diese Frage finden Sie gleich im nächsten Kapitel, »Das Rezept, um zur Ruhe zu kommen« (Seite 16).
Sie glauben, Sie wären zu kauzig, zu festgefahren, zu alt, um sich zu verändern? Dann bedenken Sie bitte: Nach neuen wissenschaftlichen Erkenntnissen bilden selbst Erwachsene immer noch *neue* Gehirnzellen in ihrem Hippocampus, dem Gedächtniszentrum. Sogar wenn Sie schon die dreißig überschritten haben, können Sie Ihrem Gehirn noch neue Tricks beibringen. Warum probieren Sie es nicht einfach aus?

Das Rezept, um zur Ruhe zu kommen

Dieses Buch hat etwas vom einem Kochbuch: Sie lesen jeweils das Rezept für den gegebenen Anlass. Je nachdem, wie Ihre Laune ist und wie aktiv Sie sind, werden Sie sich in verschiedene Abschnitte vertiefen. Ein Stau droht Sie in den Wahnsinn zu treiben? Schlagen Sie Seite 57 auf, den Abschnitt »Spezialitäten für Pendler«. Sie müssen im Büro ruhiger werden? Schauen Sie sich Seite 95 an, »Ein Tag im Büro«.

Am besten tragen Sie dieses Buch immer bei sich. Die Entspannungstechniken sind zwar alle ganz einfach und unkompliziert. Doch wenn es dann darauf ankommt, haben Sie vielleicht doch vergessen, was Sie daheim in Ruhe gelesen haben.

In *Entspannt durch den Tag* lernen Sie fünf Techniken, die Ihnen helfen, gelassen zu bleiben: Dehnübungen, richtiges Atmen, Einfühlungsvermögen, Dankbarkeit und ein neues, spielerisches Bewusstsein für die Wunder von Flora und Fauna einschließlich der Menschen um Sie herum.

Schon das Wort »Dehnübungen« mag einige Leser abschrecken. Keine Sorge. *Jeder* kann diese Übungen machen. Couch-Potatoes, Trainingsmuffel, Joggingfans oder Yogasüchtige. Sogar Menschen im Rollstuhl können viele der Übungen durchführen.

Sie werden an den ungewöhnlichsten Orten Dehn- oder Atemübungen machen: auf der Post, im Bus, sogar im Stau. Im Allgemeinen sind die Übungen unauffällig. Jemand, der in der U-Bahn direkt neben Ihnen steht, wird nicht einmal mit der Wimper zucken, weil er nichts mitbekommt.

Entscheidend für die entspannende Wirkung der Übungen

ist, *wie* Sie sie durchführen. Vergessen Sie den üblichen Fitnesswahn, bei dem Sie auf ein Laufhand steigen und dabei auf einen Bildschirm starren. Schweiß tropft Ihnen von der Stirn, Sie pumpen mit Armen und Beinen. Ihre Muskeln werden bis zum Äußersten strapaziert, sie ziehen, drücken und zittern. Unsere Übungen sind dagegen ganz schonend. Es geht darum, behutsam und sanft zu sein, nicht darum, Ihren Körper in die Zwangsjacke zu stecken, die genau vorgibt, wie Sie nach ihrer persönlichen Meinung, nach der Meinung Hollywoods oder der Werbeindustrie aussehen *sollten*. Es geht nicht darum, etwas perfekt zu machen – wichtig ist vielmehr: nicht mit Gewalt.

Ein weiterer entscheidender Unterschied zwischen dem Fitnesswahn und den Dehnübungen in diesem Buch ist der Ort, an dem Sie mit ihren Gedanken sind. Im Fitness-Studio tollen Sie in Ihrer Fantasie vielleicht in den Wellen vor irgendeiner Südseeinsel herum oder was immer gerade über den Bildschirm flimmert. Beim Joggen denken Sie vielleicht an die leckeren Tofu-Burger, die Sie zum Abendessen zubereiten wollen.

Ich werde Sie stattdessen behutsam ermuntern, Ihre lebhaften Gedanken nicht mehr ständig umherschweifen zu lassen. Sich nicht mehr ständig wegen der Zukunft Sorgen zu machen, nicht mehr über Vergangenes zu grübeln, nicht mehr pausenlos zu überlegen, zu planen, zu träumen. Während der Dehnübungen lernen Sie, sich Ihres Körpers wieder ganz bewusst zu werden. Nach dem Motto: »O ja, ich habe einen Hals, und ich nehme wahr, was damit geschieht.« Sie lernen, ganz bewusst zu spüren, wie die Dehnung sich anfühlt.

Gleichzeitig lernen Sie, die blitzschnellen Gedankenfetzen zu beobachten, die Ihnen während der Übungen durch den Kopf schießen. Die meisten Menschen schleppen eine Menge abwertender Urteile über den eigenen Körper mit sich herum. Diese negativen Gedanken ziehen wir bei der geringsten Provokation aus der Schublade – und für manche Menschen bedeutet schon eine sanfte Dehnung eine Provokation.

Wir üben, diese Urteile wahrzunehmen und dann loszulassen. Was bedeutet »einen Gedanken loslassen«? Es bedeutet, sich nicht daran festzubeißen, ihm auf dem Weg der Selbstkritik und Beschuldigung nicht zu folgen. Ein solcher Gedanke mitten in einer Dehnübung könnte zum Beispiel sein: »Ich muss meine Bauchmuskeln in Form bringen.« Wenn Sie sich an den Gedanken klammern, spulen Sie ein altes Band ab. »Ich bin zu dick«, »Warum habe ich heute das Stück Schokoladenkuchen gegessen?« und so weiter. Bla, bla bla.

Wenn Sie üben, auf Distanz zu Ihren Gedanken zu gehen oder sie loszulassen, nehmen Sie neutral wahr: »Aha, ich mache mir schon wieder Gedanken über meine Bauchmuskeln.« Dann konzentrieren Sie sich wieder auf Ihre Atmung.

»Tief durchatmen«, »Machen Sie lange, tiefe Atemzüge«, »Intensive, entspannte Atemzüge«. Diese Aufforderungen werden Ihnen in *Entspannt durch den Tag* wiederholt begegnen. Mithilfe des Atems werden wir uns dessen wieder bewusst, was in diesem Augenblick geschieht.

Damit ist nicht gemeint, dass wir *äußerliche* Aspekte wie einen Stau bewusst wahrnehmen. Auch wenn Sie es vielleicht nicht gern zugeben, können Sie die äußeren Umstände in der Regel nicht ändern. Die Autos stauen sich scheinbar von hier bis zum Nordpol. Sie können nicht auf Harry Potters Nimbus-2000-Besen steigen und über das Automeer hinwegschweben. Sie können nicht das ganze Land zupflastern oder auf der Stelle ein neues Konzept für öffentliche Verkehrsmittel erfinden. Und sosehr Sie es sich wünschen, Sie werden auch keinen geheimen, unbefahrenen Schleichweg entdecken.

Ihre *innere* Reaktion können Sie jedoch verändern – indem Sie zunächst darauf achten, wie Sie atmen. Schon in Ruhe den Atem zu beobachten – ohne irgendeine Absicht, ihn zu verändern – kann beruhigend sein. Achten Sie darauf, ob Sie flach oder tief atmen. Dann haben Sie die *Wahl.* Sie können in einem langsameren, tieferen, *beruhigenden* Rhythmus atmen. Es ist so einfach, geschieht fast wie durch Zauberei. Der Trick ist natürlich, daran zu denken, auf den Atem zu achten und ihn dann tiefer werden zu lassen. Mit *Entspannt durch den Tag* üben Sie dies regelmäßig.

Eine weitere wichtige Zutat dafür, zur Ruhe zu kommen? Übungen im Einfühlungsvermögen. Diese erinnern Sie dezent daran, dass man die Situation, über die Sie sich so aufregen, auch aus einer anderen Perspektive betrachten kann. So oft sehen Sie nur »meine Verletzung« oder »meinen Schmerz«. Wie Sie eine Situation erleben, wird dann durch Ihre Einstellung gegenüber Ihren Mitmenschen erheblich verschlimmert. »Er ist mir auf den Fuß getreten«, »Sie ist einfach vor mir eingeschert«. Und schon sind Sie auf und davon und so voller Vorwürfe, Frustration, Ärger und Wut, dass Ihr Körper Adrenalin ausschüttet, Ihr Herz rast und Ihr Blutdruck steigt. Wenn Sie ein Hund wären, würden Sie jetzt knurren und die Zähne fletschen.

Doch wir Menschen sind keine Hunde. Wir haben die *Wahl,* uns in diesen nervtötenden Situationen anders zu verhalten. Nämlich indem wir die Menschen um uns herum nicht als Rivalen betrachten, die uns beispielsweise unseren Parkplatz auf der Straße wegschnappen, sondern als Leute, mit denen wir eine Menge gemeinsam haben. Als Mitmenschen, die verletzlich und (für irgendjemanden) liebenswert sind und die ihr Bestes geben. Sobald wir über die Gefühle und Erlebnisse nachzudenken beginnen, die wir mit ihnen *teilen,* verändert sich – schwupps! – die ganze Dynamik. »Aber ich bin doch schon sehr einfühlsam«, protestieren Sie energisch. »Dafür brauche ich keine Übungen.« Natürlich sind Sie einfühlsam. Daran besteht überhaupt kein Zweifel. Aber ich fresse einen Besen, wenn Sie nicht trotzdem ein ganz kleines bisschen Nachhilfe darin brauchen, wie man *noch* verständnisvoller sein kann, wenn man im Stau steckt oder wie eine Ölsardine zwischen Hunderten anderer Pendler eingezwängt dasteht.

Außerdem gebe ich Ihnen Tipps dazu, wie man Dankbarkeit empfinden kann – gerade dann, wenn man gestresst ist. Wenn Sie sich einseitig auf Ihre Probleme konzentrieren, bekommen diese oft eine unverhältnismäßig große Bedeutung. Seien wir ehrlich, Sie vergessen oft, was wirklich wichtig ist: die faszinierenden Gaben Ihres Körpers etwa, direkt vor Ihrer Nase. Ohne zuckersüß oder sentimental zu werden, zeigt Ihnen *Entspannt durch den Tag,* wie Sie die alltäglichen Dinge wieder schätzen lernen, die Sie oft als selbstverständlich hinnehmen. Jene alltäglichen Dinge, die eigentlich ganz *außergewöhnlich* sind – zum Beispiel Ihr Herz, das Tag und Nacht schlägt, oder das Tunfisch-Sandwich auf Ihrem Teller.

Schließlich gibt es noch einfache Techniken, mit deren Hilfe Sie die Welt um sich herum bewusster wahrnehmen und mit neuen Augen betrachten können. Aus einer anderen Perspektive. Wir alle leiden an der Krankheit, die »War ich schon, kenn ich schon« heißt. Und wenn wir gelangweilt sind, neigen wir noch mehr dazu, verärgert, wütend und gestresst zu sein! Darum möchte ich Ihnen sanft und mit einem Augenzwinkern einen Anstoß geben, in Ihr Verhältnis zur Erde unter Ihnen, zum Himmel über Ihnen und zu den schönen Überraschungen dazwischen hineinzuspüren.

Oft sind wir so in Eile, so fixiert darauf, etwas zu »erreichen«, dass wir die wunderbare, schöne, alberne, merkwürdige, interessante – und lustige – Welt der Menschen und Dinge um uns herum gar nicht mehr wahrnehmen. Verspieltheit ist dabei eine wichtige Zutat, denn ernsthaftes Zeug gibt es in Ihrem Leben sicher schon genug.
Also, machen Sie sich bereit, gelassener zu werden.

Atmen Sie? Nützliche Tipps

Natürlich atmen Sie! Aber mit atmen meine ich hier die Tiefen-, Zwerchfell- oder Bauchatmung. Nicht die flache Brustatmung. Auf welche Weise atmen Sie jetzt gerade? Das erkennen Sie hauptsächlich an Ihrem Bauch. Spüren Sie hinein. Wenn er entspannt ist und sich die Bauchdecke sanft hebt und senkt, atmen Sie mit der Zwerchfellatmung. Ist Ihr Bauch jedoch hart, haben Sie die Schultern hochgezogen und fühlen sich angespannt, dann atmen Sie flach. Warum sollten Sie sich die Mühe machen, ihre Atmung zu verändern? Bisher sind Sie auch ohne Tiefenatmung klargekommen, warum also jetzt damit anfangen? Dafür gibt es einen entscheidenden Grund: Die Tiefenatmung bringt in Ihrem Körper physiologische Prozesse in Gang, die manchmal *Relaxation response* (das heißt übersetzt etwa »Entspannungsimpuls«) genannt werden. Dazu gehört eine Vielzahl komplexer neurologischer und biochemischer Faktoren. Fazit: Wenn Sie die Zwerchfellatmung (auch »abdominale Atmung« genannt) praktizieren, tritt Ihr Körper in eine Ruhephase ein. Physiologisch beginnen Sie, sich zu entspannen. Und Sie ahnen es schon: Wenn Sie sich körperlich entspannen, beruhigen sich auch Ihre Gefühle. Klingt einleuchtend, oder? Nicht ganz so unmittelbar einleuchtend ist, dass Sie diese Reaktion mit Ihrer Art der Atmung *willentlich* beeinflussen können.

Schauen wir uns noch einmal an, wie Sie im Moment atmen. Ist Ihr Bauch weich und hebt und senkt sich langsam? Sagte ich »weich«? Ja, ich weiß, das ist Ketzerei. Wir leben in einer Gesellschaft, die flache Waschbrettbäuche

vergöttert. Wenn Sie einen solchen Superbauch nicht mittels der Tretmühle im Fitness-Studio bekommen können, schnallen Sie eben den Gürtel enger oder ziehen den Bauch ein. In bestimmten Gegenden gilt es sogar als subversiv, das Wort »Bauch« auszusprechen ... Doch lassen wir das Diktat der Werbeindustrie vorübergehend außer Acht.
Probieren Sie einmal aus, Ihren Bauch zu entspannen. Tun Sie dies zunächst in den eigenen vier Wänden. Dazu legen Sie sich zuerst auf den Boden. Nicht aufs Bett (dort wird der Rücken nicht genug gestützt). Legen Sie eine Gymnastik- oder Isomatte auf den Boden oder benutzen Sie zusammengelegte Decken als Unterlage. Die meisten von Ihnen werden am liebsten mit dem Rücken auf dem Boden liegen und dabei ein Kissen unter den Knien haben. So können Sie den unteren Rücken besser entspannen. Wenn das Kissen allerdings zu klein ist, gehen Sie ins Hohlkreuz und spannen den Rücken an. Gut geeignet ist ein normales Kopfkissen. Benutzen Sie so viele Kissen, dass Sie bequem auf dem Rücken liegen.
Ahnen Sie etwas? Jeder Rücken ist einzigartig. Ihrer macht da keine Ausnahme. Vielleicht gehören Sie zu denjenigen, die es bequemer finden, die Beine einfach auf dem Boden auszustrecken. Probieren Sie Verschiedenes aus, bis Sie die Position gefunden haben, die zu *Ihnen* passt.
Als Nächstes entspannen Sie die Schultern. Lassen Sie die Last fallen, die Sie auf den Schultern tragen. Entspannen Sie die unteren Rückenmuskeln, lassen Sie sie ganz weich werden und in den Boden einsinken. Nun legen Sie die Hände auf Ihren Bauch. Beginnen Sie, den Atem in den Bauch hineinströmen zu lassen. Spüren Sie, wie sich die Bauchdecke hebt und senkt.
Vielleicht fällt Ihnen das zunächst schwer. Ihr Brustkorb hebt und senkt sich, aber der Bauch rührt sich nicht. Kon-

trollieren Sie, ob Ihr Bund oder Gürtel zu eng ist. Öffnen Sie den obersten Knopf oder schnallen Sie den Gürtel ein Loch weiter. Um ein besseres Gespür dafür zu bekommen, was gemeint ist, legen Sie sich ein schweres Buch auf den Bauch (so etwas wie den Brockhaus). Nehmen Sie wahr, wie das Buch sich mit Ihrem Atem hebt und senkt.

Atmen Sie langsam und gleichmäßig aus und ein. Achten Sie darauf, ob Sie sich zu sehr anstrengen. Zwingen Sie sich oder mühen Sie sich ab? Dann gehen Sie die Sache ruhiger an. Gestatten Sie es sich, sanft zu sein. Führen Sie diese Art der Atmung drei bis fünf Minuten lang durch.

Danach entfernen Sie das Buch und testen, ob Sie nun auch ohne dessen Gewicht spüren können, wie sich ihr Bauch hebt und senkt. Wenn nicht, benutzen Sie das Buch eben weiterhin.

Wenn Sie diese Übung die ersten Male durchführen, sorgen Sie dafür, dass ihre Mitbewohner außer Haus, die Kinder beschäftigt sind und Ihr Partner oder Ihre Partnerin schläft. Sie müssen sich nicht unbedingt neugierigen Blicken oder abfälligen Bemerkungen aussetzen. Falls Sie irgendjemand fragt, was Sie da tun, sagen Sie ganz ruhig: »Ich entspanne mich.«

Warum heißt das nun »Bauchatmung«? Es weiß doch jeder, dass wir mit den Lungen atmen, nicht mit dem Bauch! Das ist technisch korrekt, doch bei der Tiefenatmung hebt und senkt sich die Bauchdecke. Hier eine kleine Anatomiestunde, um dies zu erläutern.

Das Zwerchfell ist eine Muskelplatte, die am unteren Rand der vorderen und hinteren Rippen befestigt ist. Sie trennt den Brustkorb oder die Brusthöhle von der Bauchhöhle. Dieser Muskel kann sich heben und senken. Zieht er nach unten, entsteht zusätzlicher Raum in der Brusthöhle, so dass sich die Lungen weiter ausdehnen und sich mit mehr

Sauerstoff füllen können. Gleichzeitig wird durch das Senken des Zwerchfells der Inhalt der Bauchhöhle leicht nach außen gedrückt.
Beim Einatmen wölbt sich der Bauch nach außen. Beim Ausatmen sinkt er wieder ein. Wenn Sie zum ersten Mal die Bauchatmung üben, fühlt sich das vielleicht merkwürdig an. Das liegt daran, dass wir vergessen haben, auf diese ganz natürliche Weise zu atmen. Als Babys haben wir es alle noch automatisch getan. Wenn Sie das nächste Mal Ihre süße Nichte wickeln, achten Sie einmal darauf, wie sich ihr Bauch beim Atmen hebt und senkt, Schultern und Brust sich dagegen relativ wenig bewegen. Genau das wollen wir als Erwachsene wieder lernen.
Beachten Sie bitte: Rein technisch gesehen atmen Sie niemals *ausschließlich* mit dem Zwerchfell. Wie Sie soeben an Ihrer Nichte oder einem anderen Kind gesehen haben, ist der Brustkorb immer in irgendeiner Weise beteiligt. Mit Zwerchfellatmung ist also eine Atemtechnik gemeint, bei der die Bauchatmung überwiegt.
Tiefenatmung ist eine Technik, die Sie nicht unbedingt über Nacht lernen. Sie müssen sie üben. Zum Glück können Sie dies *überall* tun. Nachdem Sie einige Male auf dem Boden geübt haben, atmen Sie auf die gleiche Weise, während Sie auf den Bus warten, am Postschalter in der Schlange stehen oder im Stau stecken. In letzterem Fall schließen Sie die Fenster und schalten Sie die Klimaanlage ein, um keine Extraportion Kohlenmonoxid einzuatmen. Schon geringe Mengen dieses unsichtbaren, geruchlosen Stoffes können zu Kopfschmerzen, Konzentrationsstörungen und Müdigkeit führen.
Treiben Sie gern Sport? Joggen? Rad fahren? Schwimmen? Dann kennen Sie die Zwerchfellatmung bereits. Bedenken Sie, dass Sie bei diesen Sportarten stets einen

dehnbaren Hosenbund oder ein elastisches Trikot tragen. Ihr Bauch hat also Bewegungsfreiheit. Sie würden nicht im Traum daran denken, mit einem eng geschnallten Ledergürtel einen Marathon zu laufen. Wahrscheinlich würden Sie schon vor der Fünf-Kilometer-Marke in Ohnmacht fallen.

Nun, auch Ihr Leben ist ein Marathon. Gönnen Sie sich eine Pause. Lockern Sie Ihren Gürtel. Beginnen Sie zu atmen. Tief, langsam und gleichmäßig.

Warum die Tiefenatmung hilft

In *Entspannt durch den Tag* werden Sie zahlreiche verschiedene Entspannungstechniken anwenden. Ein entscheidender Bestandteil von allen ist die Tiefenatmung. Langsam und gleichmäßig in den Bauch atmen. Diese Form der Atmung ist so wichtig, dass ich Ihnen hier zusätzliche Informationen darüber gebe, *warum* sie Ihnen zu größerer Gelassenheit verhilft. Auch wenn Anatomie und Physiologie nicht Ihr Ding sein sollten, lesen Sie bitte weiter.

Die Tiefen- oder Zwerchfellatmung löst, wie gesagt, den *Relaxation response* (Entspannungsimpuls) aus. Dieser Impuls ist im Grunde das Gegenteil des Kampf- oder Fluchtimpulses, der in einer Gefahrensituation in Ihrem Körper ausgelöst wird, zum Beispiel, wenn ein außer Kontrolle geratenes Fahrzeug plötzlich in Ihre Richtung schlingert. Ihr Körper macht sich bereit, sich rasch in Sicherheit zu bringen, ihre Atemfrequenz steigt (der Atem ähnelt einem schnellen Keuchen), ebenso Herzfrequenz und Blutdruck, und Ihr Körper schüttet Adrenalin und andere Stresshormone aus. Die Pupillen weiten sich (damit Sie besser sehen können), und die Schweißdrüsen treten in Aktion (deshalb geraten Sie im wahrsten Sinne des Wortes ins Schwitzen) – eine sehr erwünschte Reaktion in einer echten Gefahrensituation (dem schlingernden Auto).

Beim *Relaxation response* geschieht in Ihrem Körper fast genau das Gegenteil wie beim Kampf- oder Fluchtimpuls. Atem- und Herzfrequenz sowie der Blutdruck sinken, die Pupillen verengen sich, und Sie schwitzen weniger. Kurz, Ihr Körper ist nicht mehr auf Gefahr eingestellt. Sie beginnen, sich zu entspannen.

Das Erstaunliche daran ist, dass Sie diesen Entspannungsimpuls durch die Veränderung ihres Atemrhythmus willentlich beeinflussen können. Der Grund dafür ist eine besondere Eigenschaft der Atmung. Normalerweise atmen wir unbewusst. Egal, was wir gerade tun, ob wir wie ein Stein schlafen oder eine heiße Solle aufs Tanzparkett legen, unsere Lungen saugen Sauerstoff ein und stoßen Kohlendioxid aus. In den Anatomiebüchern wird dies eine automatische Funktion genannt. Ebenso wie das Herz ohne unsere besondere Aufforderung den Blutkreislauf in Gang hält oder die Leber Enzyme produziert, atmen die Lungen vor sich hin. Das Besondere daran ist, dass wir zwar automatisch atmen, den Atem aber trotzdem kontrollieren können. So können wir beim Tauchen die Luft anhalten, um einen Korallenfisch anzuschauen, oder beim Singen im Chor langsamer atmen, um einen hohen Ton zu treffen. Wir können auch die *Eigenschaften* unseres Atems verändern, wie beim langsamen Atmen, um in einer Situation gelassener zu werden, die wir kurz zuvor noch als Krise empfunden haben.

Lassen Sie uns einen Moment mit den Eigenschaften Ihres Atems experimentieren. Ich spreche natürlich nicht von Mundwasser, sondern von Tempo, Rhythmus und Atemgefühl. Machen Sie im Sitzen oder Liegen bewusst einige rasche, kurze, flache Atemzüge. (Wenn Sie Asthma oder Emphyseme haben oder zu Panikattacken neigen, lassen Sie diese Übung aus!) Nach kurzer Zeit werden Sie sich unruhig und aufgedreht fühlen. Wahrscheinlich fällt Ihnen auf, dass Brust und Schultern sich heftig bewegen. Führen Sie diese raschen, kurzen Atemzüge bitte nicht länger als einige Sekunden durch, sonst könnte Ihnen schwindlig werden.

Kehren Sie nun zur normalen Atmung zurück, zu längeren, gleichmäßigeren Atemzügen. Auch wenn Sie die Zwerch-

fellatmung noch nicht beherrschen (wahrscheinlich müssen Sie erst etwas üben), werden Sie beinahe sofort ruhiger. Sie werden sehen, wie schnell der Körper auf verschiedene Arten der Atmung reagiert. Ganz erstaunlich! Natürlich geht es uns darum, zu lernen, den ganzen Tag – und vor allem in Krisensituationen – regelmäßig tief zu atmen. *Entspannt durch den Tag* bringt es Ihnen bei.
Der andere Vorteil der Tiefenatmung? Sie macht unsere Atmung *effektiver*. Das funktioniert so: Beim Atmen dringt Sauerstoff in die Lungen ein, bis hinein in Millionen von *Alveolen* oder »Lungenbläschen«. Diese dünnen Membranen sind von einer Vielzahl feinster Blutgefäße umgeben, durch die der Sauerstoff in den Blutkreislauf gelangt. Die Arterien transportieren den Sauerstoff zu Gehirn, Muskeln, Nerven und inneren Organen und halten so zahlreiche lebenswichtige Funktionen in Gang.
Wenn Sie flach atmen, konzentriert sich der Luftstrom mit dem segensreichen Sauerstoff in den oberen beiden Dritteln der Lungen. Dieser Teil ist weniger stark durchblutet als das untere Drittel. Bei flacher Atmung muss man also schneller atmen, um den Körper mit der nötigen Sauerstoffmenge zu versorgen. Das bedeutet, dass Lungen und Herz *härter* arbeiten müssen als bei tiefen Atemzügen. Die Folge: Ihre Pulsfrequenz und sogar Ihr Blutdruck steigen. Langfristig führt dies dazu, dass Sie sich zugleich angespannt und erschöpft fühlen.
Atmen Sie jedoch tief in die Lungen hinein, wartet dort in zahlreichen Blutgefäßen das Blut darauf, den Sauerstoff in die entferntesten Winkel Ihres Körpers zu transportieren. Dabei muss Ihr Herz wesentlich langsamer schlagen, um die *gleiche* Menge Sauerstoff zu verteilen. Pulsfrequenz und Blutdruck sinken. Fazit: Das Herz wird weniger belastet, und Sie sind nicht so erschöpft.

Das Gleiche aus einem anderen Blickwinkel. Sehen wir uns die Zahl der erforderlichen Atemzüge pro Minute und pro Tag bei überwiegender Brustatmung im Vergleich zu überwiegender Zwerchfellatmung an. Im ersten Fall: sechzehn bis zwanzig Atemzüge pro Minute oder 23 000 bis 29 000 Atemzüge pro Tag. Im zweiten Fall: sechs bis acht Atemzüge pro Minute oder 8 000 bis 12 000 pro Tag. Mit der Brustatmung müssen Sie sich also *doppelt* anstrengen, um das gleiche Ergebnis zu erzielen! Das ist eine ganze Menge zusätzliche und unnötige Arbeit.

Ein weiterer entscheidender Aspekt: Die Flachatmung wirkt sich ungünstig auf das Gleichgewicht der Gase in Ihrem Blut aus. Das Abfallprodukt Kohlendioxid wird dabei im Körper nur unzureichend abgebaut. Überschüssiges Kohlendioxid im Blut kann sich negativ auf den Säuregehalt des Blutes auswirken. Fazit: Sie sind erschöpft und nervös, oder kurz gesagt: Sie sind gestresst.

Dies alles sind gute Gründe für die Tiefenatmung. Und der beste Grund? Sie *fühlen* sich besser.

Basis der Gelassenheit: Die ägyptische Pose

Diese Pose ist die Basis für viele der Entspannungstechniken in *Entspannt durch den Tag*. Sie ist ganz einfach und unkompliziert. Ob bei Ihnen ein schwieriger Fall von *Skoliose* (seitliche Verkrümmung der Wirbelsäule) vorliegt oder Sie so schlank und fit sind wie eine Gazelle in der afrikanischen Steppe, die ägyptische Pose ist das Richtige für Sie. Ihren Namen hat sie von den unbeweglichen, mächtigen Steinblöcken des alten Ägypten, die seit Jahrhunderten auf Touristen und Museumsbesucher herabstarren. Sie ist ebenso unvergesslich und zeitlos.

Sie werden diese Pose an den erstaunlichsten Orten einnehmen. Während Sie im Stau sitzen, auf Ihren Computer blicken, dicht gedrängt mit anderen Pendlern im Zug hocken oder in Ihrem Lieblingsbistro ein Sandwich futtern.

Angenommen, Sie praktizieren die ägyptische Pose zum ersten Mal im Sieben-Uhr-Pendlerzug. (Wenn Sie kein Zugpendler sind, setzen Sie hier ein anderes Transportmittel ein.) Verlassen Sie das Haus an diesem speziellen Morgen fünf Minuten früher. Bereiten Sie sich vor, bevor Sie am Bahnhof ankommen. Wenn Sie die im Morgenlicht blitzenden Gleise sehen, vergessen Sie normalerweise alle Ihre guten Vorsätze und gebärden sich wie ein Amphetamingedoptes Rennpferd mit geblähten Nüstern.

Nachdem Sie Ihr Auto geparkt haben, gehen Sie ein klein wenig langsamer als gewöhnlich. Nehmen Sie Ihren Atem wahr. Atmen Sie tiefer. Schauen Sie auf. Betrachten Sie die Wolken, genießen Sie die Sonne. Blicken Sie sich um. Achten Sie auf etwas, das Ihnen sonst noch nie aufgefallen ist:

wie ein Lichtstrahl die Spitzen eines schmiedeeisernen Zauns golden glänzen lässt. Den lüsternen Blick der Wasserspeier an der Kirche. Einen Blumenkasten voller Ringelblumen.

Okay. Sie stehen vor dem Bahnhofseingang. Sehen Sie die anderen Pendler zum Bahnsteig rennen, hasten, rasen? Achten Sie nicht auf sie. Sie marschieren nach einem anderen Trommler. Es spielt keine Rolle, wie schnell sich die anderen bewegen. Sie lassen sich nicht beirren und konzentrieren sich darauf, Ihr schildkrötenartiges Tempo beizubehalten.

Gehen Sie weiterhin langsam. Treten Ihnen die anderen Pendler fluchend und murrend auf die Hacken? Lassen Sie sie höflich vorbei. Widerstehen Sie der Versuchung zu rennen – oh, was für eine Versuchung!

Holen Sie im Zug nicht wie üblich gleich die Zeitung hervor. Suchen Sie sich einen Sitzplatz. (Wenn Sie keinen finden, blättern Sie weiter zum Abschnitt »Ruhe in der Rushhour« auf Seite 129) Bereiten Sie sich nun auf die ägyptische Pose vor. Nehmen Sie eine von folgenden beiden Haltungen ein: Entweder rutschen Sie auf dem Sitz ganz weit zurück und lehnen sich leicht an die Rückenlehne, oder Sie sitzen weiter vorne, etwa in der Mitte des Sitzes, ohne die Rückenlehne zu berühren. Probieren Sie aus, was das Bequemste für Sie ist.

Stellen Sie beide Füße genau unterhalb der Knie fest auf den Boden. Legen Sie die Hände leicht auf die Knie. Leserinnen, die eine Handtasche tragen, legen sich diese auf den Schoß und lassen die Hände darauf ruhen. Haben Sie eine Aktentasche dabei, platzieren Sie sie auf Ihren Knien oder stellen sie zwischen Ihre Füße.

Schließen Sie die Augen. Wenn Sie sich dabei zu ungeschützt fühlen, lassen Sie sie offen, aber mit weichem, auf nichts Bestimmtes gerichtetem Blick. Vermeiden Sie Augenkontakt mit anderen. Versuchen Sie, nicht auf Einzelheiten an Ihren Mitfahrern zu achten. Beginnen Sie, tief durchzuatmen. Spüren Sie, wie der Atem direkt in den Bauch hineinströmt. Atmen Sie mit einem Seufzen aus. Keine Angst, bei dem Lärm wird Sie niemand hören.

Spüren Sie den Kontakt zwischen Ihrem Gesäß und dem Sitz. Das fällt Frauen oft schwer, weil unvernünftige Modediktate knallharte Pobacken verlangen. Versuchen Sie, jegliches Urteil über Größe oder Schlaffheit Ihres Gesäßes zu vermeiden. Klar, das ist schwierig, aber wissen Sie was? Ohne Ihr Polster wären Sie ganz schön in der Klemme. Es würde höllisch wehtun, auf den kleinen Knochenfortsätzen am unteren Rand Ihres Beckens herumzubalancieren. Sie würden überhaupt nicht bequem sitzen können! Also seien Sie nicht so streng mit Ihrem Po und nehmen Sie einfach Ihre äußerst nützlichen Pobacken auf dem Sitz wahr.

Spüren Sie in Ihren Scheitel genau oben auf dem Kopf hinein. Strecken Sie den Kopf ganz sanft in diese Richtung, sodass die Wirbelsäule leicht gedehnt wird. In diesem Buch wird der Begriff »strecken« benutzt, wenn Sie sich dehnen sollen, ohne aber eine stocksteife militärische Haltung einzunehmen. Ihr Rücken ist natürlich geschwungen – freuen Sie sich an diesen Kurven, während Sie die Wirbelsäule nach oben strecken. Lassen Sie die Kiefermuskeln locker. Kontrollieren Sie Ihren Hals: Ist er entspannt?

Widerstehen Sie der Versuchung, die Beine übereinander zu schlagen! Pressen Sie die Füße leicht auf den Boden. Drücken Sie Absätze, Ballen und Zehen nach unten. Dabei hebt sich die Wirbelsäule leicht an. Wenn Sie spüren, dass sich auch Ihre Schultern heben, lassen Sie sie wieder sinken. Nehmen Sie beim Ausatmen wahr, wie der Oberkörper nach unten sinkt. Beobachten Sie weiterhin Ihren Atem.

Sitzen Sie nicht stocksteif da, sondern schwingen Sie mit den Bewegungen des Zuges mit. Lassen Sie die Wirbelsäule ganz weich und flexibel werden.
Wenn Sie sich anlehnen, drücken Sie die Schulterblätter sanft gegen die Lehne. Atmen Sie weiter tief durch. Entspannen Sie die Gesichtsmuskeln. Lassen Sie die Muskeln der Stirn, um die Augen und um den Mund herum ganz locker werden.
Stellen Sie sich die Sphinx vor: Sie ist unerschütterlich, unergründlich. Unsichtbare Rätsel strömen durch Ihren Körper; Jahrhunderte fliegen vorbei. Mit ein wenig Übung werden Sie tief in Ihrem Inneren eine Verwandlung spüren. Sie werden beginnen, sich ebenso felsenfest und ruhig zu fühlen wie die aus rotem Granit gefertigte Statue der Königin Hatschepsut, die im New Yorker Metropolitan Museum of Art die Jahrhunderte abwartet. Hatschepsut war eine der ersten Königinnen Ägyptens – ihre Statue existiert schon seit dreieinhalbtausend Jahren.
Mit der Zeit werden Sie erstaunliche Momente erleben, während Sie all das unbedeutende Kommen und Gehen der Menschen nur sehr vage wahrnehmen. Die anderen Pendler werden Sie nicht stören. Vielleicht bilden Sie sich sogar ein, zu Ihren Füßen den Nil plätschern zu hören oder das laute Knattern der Segel einer vereinzelten *Dhau*. Erwarten Sie aber nicht, dass Ihnen die Früchte der ägyptischen Pose plötzlich in den Schoß fallen. Wie jede lohnende Fertigkeit braucht auch diese Zeit, Ausdauer und einen gesunden Sinn für Humor.
Herzlichen Glückwunsch! Nun sind Sie bereit, in die beruhigende Welt von *Entspannt durch den Tag* einzutauchen.

Ein medizinischer Rat: Nicht übertreiben

Viele der Entspannungstechniken in *Entspannt durch den Tag* sind mentale Übungen, die jeder Leser so ziemlich überall durchführen kann. Die Dehnübungen in diesem Buch sind einfach und unbedenklich. Ob Sie nun zu den ehrgeizigen Sportskanonen gehören und fit wie ein Turnschuh sind oder fünfundsechzig und nicht mehr ganz so fit – hier ist für jeden etwas dabei.
Dennoch kann man auch eine gute Sache übertreiben. Gehen Sie bei den Dehnübungen nicht an die Schmerzgrenze. Bleiben Sie in jenem Bereich, in dem Sie sich wohl fühlen. In manchen Fitness-Studios gilt leider das unselige Motto, »Was uns nicht umbringt, macht uns nur härter«. Bitte richten Sie sich nicht danach. Wenn Sie in einer Dehnung sind und es wehtut, sendet Ihr Körper Ihnen mit dem Schmerz eine wichtige Botschaft. Langsamer, vorsichtiger! Dehnen Sie etwas weniger oder beenden Sie die Übung ganz. Führen Sie eine Dehnübung stets so durch, wie sie für Sie angemessen ist. Sie mit einem verzerrten Lächeln zu ertragen kann zu Verletzungen führen.
Sie haben einen hohen Blutdruck und bekommen Medikamente dagegen? Trotzdem können Sie *alles* in diesem Buch mitmachen – und Sie werden vielleicht feststellen, dass Sie im Alltag allgemein ruhiger werden. Möglicherweise sinkt sogar Ihr Blutdruck; in diesem Fall müssten Sie eventuell die Dosis Ihres Medikaments reduzieren. Tun Sie dies jedoch nur nach Rücksprache mit Ihrem Arzt.
Bei bestimmten gesundheitlichen Einschränkungen sind dagegen gewisse Vorsichtsmaßnahmen zu treffen.

Sie haben einen hohen Blutdruck und bekommen *keine* Medikamente dagegen? Dann führen Sie *keine* der Dehnübungen durch, bei denen Sie sich so weit vorbeugen müssten, dass sich der Kopf unterhalb der Höhe des Herzens befindet. Zum Beispiel ist das Vorbeugen in »Muntermacher als Koffeinersatz« auf Seite 97 nicht für Sie geeignet.
Wenn Sie Diabetes haben – ob mit oder ohne Medikamente –, führen Sie *keinerlei* Vorbeuge-Übungen durch, bei denen Ihr Kopf unterhalb des Herzens gebracht wird. Dies gilt auch für Leute mit Netzhautproblemen, Glaukomen, *Hernien* (Eingeweidebruch) oder Herzproblemen.
Sie leiden unter Rückenschmerzen? Dann wird es komplizierter. Wie Sie wissen, bereiten leichte chronische Schmerzen im Lendenwirbelbereich kein Vergnügen. Verständlicherweise haben Sie vielleicht Angst, irgendwelche Dehnübungen durchzuführen. Dabei brauchen Sie möglicherweise genau das. *Wenn Sie nicht sicher sind, was für Ihren Rücken das Beste ist, fragen Sie bitte Ihren Arzt!*
Rückenschmerzen sind oft ein Hinweis auf falsche Bewegungsabläufe. Beispielsweise heben Sie Gegenstände vielleicht oft mit rundem Rücken und durchgedrückten Knien hoch. Die Schmerzen können auch Fehlhaltungen anzeigen, die zum Beispiel dann entstehen, wenn Sie den ganzen Tag mit krummem Rücken vor dem Computer hocken. Behutsame Dehnübungen können für überstrapazierte Rücken wunderbar heilsam sein.
Manchmal rühren akute Rückenschmerzen auch von Muskelkrämpfen her. Hier ist es in der Regel am besten, wenn Sie nach der ersten akuten Schmerzphase zu Ihrer gewohnten Routine zurückkehren – einschließlich leichter Übungen. Wenn Sie behutsam und regelmäßig trainieren, werden solche Vorfälle wahrscheinlich seltener vorkommen. Bitte beachten Sie: Zu behutsamem Training gehören we-

der anstrengende Tenniswettkämpfe noch Achtzig-Kilometer-Radtouren oder Marathonläufe. Sosehr Sie dies vielleicht auch lieben, Ihrem Rücken tut es womöglich nicht gut.

Jeder Rücken ist einmalig. Finden Sie heraus, was für Ihren am besten ist. Ihre Rückenschmerzen stammen von einer Verletzung? Sie haben Felsbrocken in Ihrem neuen Steingarten hochgehievt oder das Klavier selbst woanders platziert? Vielleicht haben Sie auch Bandscheibenprobleme? Eine Bandscheibe, die auf einen Nerv drückt? Dann sind eventuell manche Übungen kontraindiziert. Auch hier gilt: *Konsultieren Sie Ihren Arzt.*

Sie sind vor kurzem operiert worden? Bitte holen Sie professionellen ärztlichen Rat ein.

Weckruf

Wenn der Wecker klingelt

Das erstaunlichste Ereignis des Tages ist vielleicht das Aufwachen. Sie haben überlebt! Ohne dass Sie irgendetwas dafür tun mussten, hat in Ihrem Körper in der Nacht alles bestens funktioniert.

Ihr Herz hat geschlagen. Ihre Lungen haben sich mit Luft gefüllt und sie wieder ausgestoßen, sodass Ihr Blut mit genau der richtigen Sauerstoffmenge versorgt wurde. Ihr Knochenmark hat rote und weiße Blutkörperchen produziert. Ihr Gehirn hat minimale elektrochemische Botschaften an Ihre Nerven gesendet. Jede einzelne Ihrer Billionen Zellen hat auf Hochtouren gearbeitet, Nährstoffe aufgenommen und Abfallprodukte ordentlich ausgeschieden. Und das ist nur ein Bruchteil der erstaunlichen komplexen und ausgeklügelten Vorgänge, die sich abgespielt haben, während Sie im Land der Träume weilten.

Es ist leicht, sich über etwas zu beschweren, das schief gelaufen ist, und schwer, sich einer Sache bewusst zu werden, die man als selbstverständlich hinnimmt. Das Kapitel »Wenn der Wecker klingelt« gibt Ihnen die Möglichkeit, dieses Ungleichgewicht zu korrigieren. Wie Sie Ihren Morgen beginnen, hat natürlich Einfluss auf den weiteren Verlauf des Tages. Keine Angst – Sie müssen keine Gewichte stemmen oder Liegestütze machen. Sie werden sich lediglich in der Kunst der Dankbarkeit üben. Doch dafür müssen Sie sich bereits am Abend vorbereiten.

Stellen Sie Ihren Wecker um zwei, drei Minuten früher als üblich. Planen Sie ein paar ruhige Minuten fest ein. Wenn Sie gewöhnlich noch im Halbschlaf den Verkehrsfunk hören, vergessen Sie's. Beschließen Sie, diesmal den Wecker

abzustellen, sobald er klingelt. Wenn Sie normalerweise schon den Fernseher anschalten, noch bevor Ihre Augen richtig offen sind, dann widerstehen Sie der Versuchung. Den Wetterbericht können Sie auch später noch sehen oder hören.
Warnen Sie Ihren Partner oder Ihre Partnerin vor. Morgen werden Sie – ein paar Minuten lang – keinen Piep sagen. Die Alarmanlage von irgendeinem Wagen raubt Ihnen nachts um drei den letzten Nerv? Sei's drum. Heben Sie sich Ihr Gejammer bis zum Frühstück auf.
Bestimmen Sie schon am Abend, wo Sie diese Übung am folgenden Morgen durchführen möchten. Sie können sie machen, während Sie noch im Bett liegen. Eine andere Möglichkeit wäre in der Dusche oder Sie setzen sich auf einen Stuhl in Ihrem Schlafzimmer oder aufs Bett. (Das Wohnzimmer oder der Frühstückstisch scheiden aus, wenn Mitbewohner, Kinder oder sonstige mögliche Störenfriede im Haus sind.)
Je nachdem, wie zerknittert Sie morgens gewöhnlich sind, möchten Sie vielleicht zuerst ins Bad gehen und Ihr Gesicht mit kaltem Wasser erfrischen, bevor Sie den Platz aufsuchen, den Sie für diese Meditation ausgewählt haben. Möglicherweise wollen Sie das erste Mal an einem Wochenende üben, wenn Sie mehr Zeit haben. Nachdem Sie die Übung ein paar Mal am Wochenende gemacht haben, wechseln Sie zu einem Wochentag.
Obwohl sich nachts in Ihrem Körper viele wundersame Dinge abspielen, konzentrieren Sie sich auf das Herz. Zu Beginn der Übung atmen Sie ein paar Mal langsam tief durch. Wenn Sie auf einem Stuhl sitzen, dehnen Sie sanft die Wirbelsäule und lassen die Schultern locker. Wenn Sie im Bett liegen, machen Sie es sich bequem, sodass der Lendenwirbelbereich abgestützt ist. Manchmal ist es angenehm, mit

einem Kissen unter den Knien auf dem Rücken zu liegen. Finden Sie die Position, die für Sie am bequemsten ist.
Denken Sie daran, was Ihr Herz leistet. Die ganze Nacht hindurch hat es geschlagen. Diese phänomenale Eigenschaft zeichnet den dicken Muskelstrang – das Herz ist der stärkste Muskel des ganzen Körpers – aus. Unaufhörlich schlägt das Herz.
Ob Sie auf Ihren Rollerblades durch den Park flitzen oder in der Oper dösen, Ihr Herz macht mit. Ob Sie im Schnäppchenmarkt etwas ergattern oder Kaviar essen, dieses Energiebündel ist bei der Arbeit. Auch in der Nacht. Ob Sie von einem Urlaub auf Bali träumen oder einen Albtraum von ihrem Exmann haben, Ihr Herz tut treu und redlich seinen Dienst, gleichmäßig wie ein Metronom. Ohne dass Sie bewusst etwas dafür tun müssen: bum, bum, bum.
Denken Sie über die Eigenschaften dieses wundervollen Teils Ihres Körpers nach und lernen Sie, diesen zu schätzen. Das kleine Organ wiegt knapp ein Pfund, und in Beschreibungen heißt es in der Regel, es sei so groß wie eine Faust. Für meinen Geschmack klingt das ein wenig zu aggressiv. Man könnte auch sagen, es ist so groß wie ein Tennisball oder eine Orange. (Natürlich variiert die Größe des Herzens je nach Größe und Statur eines Menschen.) Es ist außergewöhnlich stark. Pro Tag transportiert es etwa 7500 Liter Blut.
Faszinierend. Beständig pumpt dieser Muskel Blut in Ihr Gehirn und zu jedem Knochen, Muskel und Organ. So werden die Billionen von Körperzellen mit hübschen kleinen Portionen von Sauerstoff und Nährstoffen versorgt. Wenn Sie letzte Nacht acht Stunden geschlafen haben, hat Ihr Herz etwa 29 000 mal geschlagen. Wenn Sie 32 Jahre alt sind, hat es insgesamt bereits über eine Milliarde Mal geschlagen.

Ihr Herz schlägt schneller, wenn Sie die Treppe hinaufrennen, und langsamer, wenn Sie ein Nickerchen machen. Es kann heftig pochen oder hüpfen, wenn Ihr Schatz zur Tür hereinkommt. Es ist unerschütterlich, verlässlich, Ihr bester Freund.

Atmen Sie ein paar Mal tief durch. Klopfen Sie Ihrem Herzen im Geiste auf die Schulter. Es verdient höchstes Lob. Welche abschreckenden Aufgaben Sie heute auch erwarten, welche Herausforderungen Ihnen begegnen werden, danken Sie Ihrem Herzen. Es hat in der vergangenen Nacht seine Arbeit getan. Nehmen Sie sich noch einen Augenblick Zeit, um dieses fantastische Organ für seine fehlerlose Leistung mit weiterem Lob zu überschütten.

He, Sie leben – und wie! Was für ein Geschenk!

Die Dusche:
Wohltat für die Wirbelsäule

Fühlen Sie sich beim Aufwachen geschmeidig wie ein Panther? Oder verspüren Sie eher Ähnlichkeit mit dem Zinnmann im *Zauberer von* Oz – überall quietschende Gelenke, die dringend einen Tropfen Öl brauchen? Wie auch immer, gönnen Sie Ihrem Rücken ein paar Dehnübungen, während Sie unter der Dusche stehen. Sie glauben, Sie haben dafür keine Zeit? Ich weiß, Sie stehen schon in den Startlöchern, wollen losziehen und Drachen erlegen. Doch glauben Sie mir, diese Übungen dauern nur drei Minuten, maximal. Und sie lohnen sich! Um sich lebendig und energiegeladen zu fühlen, gibt es nichts Besseres als eine hellwache, biegsame Wirbelsäule.

Doch Vorsicht: Steigen Sie in eine emaillierte Badewanne? Dann legen Sie, bevor Sie mit der Übung beginnen, eine Gummimatte auf den Boden der Wanne. Das ist der einzige Gegenstand, den die Leser von *Entspannt durch den Tag* benötigen. Sie besitzen keine Gummimatte? Dann gilt: *Führen Sie diese Übung erst durch, wenn Sie eine gekauft haben!*

Da dieses Buch nicht wasserfest ist und Sie es nicht mit in die Dusche nehmen können, lesen Sie den Abschnitt, bevor Sie zum Duschen gehen. Denken Sie daran, Ihren Rücken warm abzuduschen, bevor Sie mit den Übungen beginnen.

Tun Sie, was immer zu Ihrer morgendlichen Reinigung gehört. Einseifen, Haare waschen, singen. Dann halten Sie den Rücken unter den wunderbar warmen Wasserstrahl. Lassen Sie einen Moment lang die Wärme des Wassers Ihre müde Wirbelsäule aufwecken. Genießen Sie es, wie der Brausestrahl ihren Rückenmuskeln gut tut.

Nun zu ein paar einfachen Dehnübungen. Stellen Sie sich mit beiden Füßen fest auf den Boden von Dusche oder Badewanne (denken Sie an die Gummimatte). Die Füße stehen etwa hüftbreit auseinander, die Zehen zeigen nach vorne. Die Arme hängen locker herab. Lassen Sie nun die Wirbelsäule länger werden. Bei der Dehnung nach oben bleiben die Schultern locker. Als Nächstes beugen Sie sich sanft zur Seite. Ich sagte »sanft«. Sanft bedeutet langsam – als hätten Sie alle Zeit der Welt. Es bedeutet auch ohne Gewalt oder Überanstrengung.

Gehören Sie zu den Menschen, die stets mitten in einem Buch zu lesen anfangen? Die Einleitungen grundsätzlich überspringen? Ich verrate Ihnen was: ich auch. Aber tun Sie sich einen Gefallen und blättern Sie zurück zu dem Kapitel »Das Rezept, um zur Ruhe zu kommen« auf Seite 16, und lesen Sie, *wie* Sie sich dehnen sollten. Die Dehnübungen in diesem Buch sollten auf eine bestimmte Art und Weise durchgeführt werden. Raten Sie mal, was passiert, wenn Sie sie im Eiltempo absolvieren. Sie werden gestresst sein – das genaue Gegenteil von dem, was Sie mit dem Kauf dieses Buches eigentlich erreichen wollten.

Bleiben Sie in der seitlichen Beugung. Schieben Sie die linke Hüfte etwas nach außen. Beugen Sie den Oberkörper nach rechts. Spüren Sie, wie bei dieser Dehnung Ihr rechtes Ohr zur rechten Schulter hinabsinkt. Lassen Sie den Hals locker. Atmen Sie. Kommen Sie in die Mitte zurück, und beugen Sie sich nun zur anderen Seite. Schieben Sie die rechte Hüfte nach außen, und beugen Sie den Oberkörper nach links.

Nachdem Sie dies ein paar Mal wiederholt haben, dehnen Sie zusätzlich die Arme. Heben Sie den linken Arm, strecken Sie die Finger nach der Raumdecke aus. Spüren Sie, wie die Rippen Ihrer linken Seite gedehnt werden. Stellen

Sie sich vor, der Abstand zwischen den einzelnen Rippen würde *größer.* Glauben Sie, Ihre Rippen seien Teil eines starren, unbeweglichen Gebildes? Keineswegs – zwischen Ihren Rippen besitzen Sie Muskeln, mit deren Hilfe sich Ihr Brustkorb beim Atmen ausdehnen und zusammenziehen kann. Stellen Sie sich vor, wie diese Muskeln ganz weit gedehnt werden.

Spüren Sie die Dehnung in der linken Seite, und beugen Sie sich wieder nach rechts. Diesmal lassen Sie den rechten Arm außen an Ihrem rechten Bein hinabgleiten. Versuchen Sie, sich zu dehnen, ohne Schultern oder Hals anzuspannen. Wenn Ihr Hals sich verkrampft anfühlt, bewegen Sie ihn vorsichtig und langsam hin und her. Lassen Sie Gesichts- und Kiefermuskeln locker. Atmen Sie. Kommen Sie wieder zur Mitte zurück. Wiederholen Sie das Ganze auf der anderen Seite. Führen Sie die Übung mehrmals auf beiden Seiten durch. Und denken Sie daran: im Tempo der sprichwörtlichen Schnecke.

Als Nächstes lassen Sie uns Ihre Knie mit ein paar Kniebeugen aufwärmen. Sie stehen immer noch da, Füße hüftbreit auseinander, Zehen nach vorne gerichtet, und beugen und strecken nun langsam die Knie. Nicht mit Gewalt. Sie beugen sich nicht so weit vor wie ein Baseball-Fänger. Sie machen keine tiefe Kniebeuge wie der Tänzer Barischnikow. Ganz locker bleiben! So können Sie feststellen, wie weit Sie in die Kniebeuge gehen sollten: Stellen Sie sich vor, Sie stünden mit dem Rücken gegen eine Wand gelehnt und würden langsam daran hinunterrutschen. »Rutschen« Sie aber höchstens zwölf bis fünfzehn Zentimeter tiefer.

Schauen Sie kurz nach unten. Kontrollieren Sie, ob Ihre Knie genau über den Zehen sind. Ihre Knie kommen heute nicht über die Zehen? Keine Panik. (Jeder Körperbau ist anders!) Arbeiten Sie langsam auf dieses Ziel hin.

Als Nächstes heben Sie den Kopf. Beugen und strecken Sie die Knie weiter ganz langsam. Strecken Sie die Wirbelsäule. Spüren Sie den Hals als Verlängerung des Rückens – er sollte weder nach vorn hängen noch krampfhaft nach hinten gedrückt werden. Lassen Sie die Schultern locker. Atmen Sie. Fünf- oder sechsmal wiederholen. Wenn sich das in den Knien unangenehm anfühlt oder schmerzt, brechen Sie die Übung sofort ab und gehen zur nächsten über.
Nun kreisen wir die Hüften. Mit leicht gebeugten Knien schieben Sie die Hüften nach rechts, nach hinten, nach links und nach vorn. Erinnern Sie sich noch an das Hula-Hoop-Fieber? Die Bewegung ist genau die gleiche. Lassen Sie die Hüften kreisen. Ganz ungeniert. Keiner glotzt Sie blöd an. Nach ein paar Kreisen halten Sie an und wechseln die Richtung. Achten Sie darauf, dass Sie die Knie *die ganze Zeit* gebeugt lassen!
Damit sind Ihre Dehnübungen in der Dusche beendet. Wenn Sie heute zum Auto, Bus oder Zug gehen, achten Sie einmal darauf, wie Ihre Wirbelsäule sich anfühlt. Beobachten Sie, wie *Sie* sich fühlen. Vielleicht entdecken Sie einen neuen Schwung in Ihrem Gang? Oder Sie sind unerklärlicherweise ganz fröhlich. Es kann sogar sein, dass es Sie schon ein wenig gepackt hat und Sie im Laufe des Tages öfter Lust haben, den Rücken zu strecken.
Dann sind Sie hier richtig. Lesen Sie weiter.

Wenn Ihr Turbo schon läuft: Tempo drosseln

Nehmen Sie sich vor, an diesem Morgen auf das Tempo zu achten, mit dem Sie durch Ihre morgendliche Routine hetzen. Die Art und Weise, wie Sie »unter die Dusche springen«, sagt alles. Zwar nehmen Sie vielleicht nicht gerade am olympischen Hundertmeterlauf teil, doch Sie düsen schon mit einem Affenzahn herum. Versuchen Sie, sich objektiv zu betrachten, beinahe so, als würden Sie sich eine Fernsehsendung wie *Big Brother* anschauen, wo in jedem Raum eine Kamera angebracht ist – nur sind Sie der Hauptdarsteller.

Seifen Sie sich im Eiltempo ein? Sprinten Sie vom Bad ins Schlafzimmer? Zerren Sie Ihr Hemd vom Bügel? (Wenn Sie sich morgens im absoluten Schneckentempo bewegen, blättern Sie zu einem anderen Kapitel, vielleicht »Die Dusche: Wohltat für die Wirbelsäule«, Seite 45.) Beobachten Sie sich weiter. Sehen Sie, wie Sie Papiere in Ihre Aktentasche stopfen? Kaffee hinunterstürzen?

Ich wette um meinen Pyjama, dass Sie jede einzelne dieser Tätigkeiten langsamer durchführen könnten. Ohne dadurch Zeit zu verlieren. Sie könnten sogar Zeit *sparen.* (Weiter hinten in diesem Kapitel erfahren Sie, warum.) Wie wäre es also mit einem gemäßigteren Tempo?

Versuchen Sie, sich zu bewegen wie eine tektonische Platte. Sie mögen fragen: »Eine was?« Seien Sie so gut und machen Sie im Moment einfach das, was ich sage – es ist eine äußerst angenehme Art, sein Tempo zu drosseln. Nehmen Sie sich zwei Minuten Zeit. Setzen Sie sich auf einen Stuhl, nehmen Sie die ägyptische Pose ein, und beginnen

Sie, ruhig und tief durchzuatmen. Wie Sie vor zig Jahren vielleicht im Erdkundeunterricht gelernt haben, wird die Erdkruste ständig aufgebrochen und wieder erneuert. Eine Reihe von Tafeln, die so genannten *tektonischen Platten*, treiben oben auf geschmolzenem Material. Diese Tafeln liegen an Nahtstellen aneinander, ähnlich wie die Flächen auf einem Tennisball. An den Nahtstellen quillt geschmolzenes Material nach oben. Manchmal driften die Tafeln auch auseinander oder stoßen zusammen.
Infolgedessen verändert sich die Lage der Kontinente, wenn auch extrem langsam. (In ferner Zukunft wird eine Landkarte von unserem Planeten vollkommen anders aussehen.) Der Atlantik vergrößert sich, der Pazifik schrumpft, und Nordamerika bewegt sich nach Westen. Atmen Sie weiter. Machen Sie ruhige, tiefe Atemzüge.
Unter Ihren Füßen sind gerade diese wundersamen geologischen Kräfte am Werk. Wissenschaftler haben das gemächliche, aber gleichmäßige Tempo gemessen. Der Atlantik vergrößert sich beispielsweise pro Jahr um knapp zwei Zentimeter.
Schon ungeduldig? Sagen Sie sich: »Ich habe jetzt keine Zeit für Erdkundeunterricht. Ich muss los!«? Atmen Sie noch ein paar Mal durch, und setzen Sie die Übung fort. Sie werden Ihren Tag gelassener und mehr in sich selbst ruhend beginnen.
Nun stehen Sie auf und machen sich in gemessenem Tempo an Ihre nächste Aufgabe. Sie gehen ins Schlafzimmer? Bleiben Sie einfach auf halbem Weg stehen. Atmen Sie tief durch. Denken Sie an die geheimnisvollen Kräfte, die unter Ihren Füßen wirken. An den langsamen, gleichmäßigen Rhythmus des sich verändernden Planeten.
Sie steuern auf die Küche zu? Bleiben Sie nach einigen Schritten stehen. Nur für einen Augenblick. Atmen Sie ein

paar Mal durch. Denken Sie tektonisch. Natürlich *denkt* eine tektonische Platte nicht. Doch wie sähe es aus, wenn sie es täte? Sie würde in langfristigen Dimensionen denken. Alles nach geologischem Zeitmaß betrachten. Eine Minute ist völlig unbedeutend. Ein Tag nur ein winziger Moment. Ein Jahrtausend ist immer noch kaum der Rede wert. Eine Million Jahre? Das lässt sich schon eher hören. Vor zweihundert Millionen Jahren bildeten alle Kontinente noch eine riesige Landfläche. In einhundert Millionen Jahren ...

Machen Sie ein kleines Experiment. Wählen Sie eine Tätigkeit aus, die Sie normalerweise in Windeseile erledigen. Angenommen, Sie duschen immer ganz schnell. Tun Sie es langsamer. Ihre Morgendusche ist sicher kein Luxusschaumbad, das zu einem teuren Badeort passen würde. Trotzdem, versuchen Sie, sich bewusster zu waschen. Anstatt jedes Ihrer Glieder viermal hastig abzuschrubben, tun sie es vielleicht nur *einmal,* aber langsam! Sie müssen sich nicht scheuern, als wären Sie am Abend zuvor in einen Sahara-Sandsturm geraten.

Wenn Sie Ihr Tempo drosseln, werden Sie feststellen, dass Sie letztendlich Zeit sparen, weil Ihnen zwischendurch nicht so viele kleine Missgeschicke passieren. Wenn Sie sich langsamer einseifen, lassen Sie die Seife vielleicht seltener fallen. Auch die Shampooflasche stoßen Sie nicht dreimal um. Damit will ich nicht sagen, dass Sie ein Trampel sind, doch dies ist nun einmal die bedauerliche Kehrseite der Eile. Miniunfälle sind dabei fast Routine – so sehr, dass sie Ihnen wahrscheinlich nicht einmal auffallen. Und doch haben sie einen Einfluss darauf, wie Sie sich am Beginn des Tages fühlen.

Diese kleinen Missgeschicke sind frustrierend. Sie *fühlen* sich dadurch gehetzter. Und Sie kommen sich blöd vor.

(Keine gute Art, einen Tag zu beginnen.) Manchmal führt eine hastige Bewegung zu Problemen, die Sie richtig viel Zeit kosten, zum Beispiel, wenn Sie aus Versehen die Tür der Duschkabine offen lassen. Wasser spritzt über den ganzen Boden, und Sie müssen kostbare Minuten damit verbringen, es aufzuwischen.

Vergessen Sie das Atmen nicht. Suchen Sie sich eine weitere Morgenbeschäftigung aus, die Sie bewusster durchführen wollen, zum Beispiel, eine Kaffeetasse aus der Geschirrspülmaschine holen und Kaffee hineinschütten. Tun Sie das ein *bisschen* langsamer, und atmen Sie dabei bewusst. Spüren Sie, wie es sich anfühlt, wenn Ihre Hände die Tasse berühren. Achten Sie auf das Gefühl in Schulter und Hals, wenn Sie den Becher vom Abtropfgitter nehmen. Stellen Sie die Tasse behutsam auf die Arbeitsplatte. Gießen Sie ohne Hast den Kaffee ein. Ahmen Sie das Tempo eines pingeligen Obers in einem schicken Restaurant nach, der darauf bedacht ist, keinen Tropfen auf das weiße Tischtuch zu verschütten.

Erinnern Sie sich immer wieder an die unerschütterliche tektonische Platte, die sich zentimeterweise, aber unbeirrbar vorwärts schiebt. Bedächtig. Ruhig. Atmen Sie bewusst. Kosten Sie das Gefühl aus, weniger in Eile zu sein.

Bevor Sie das Haus verlassen

Setzen Sie sich an ein ruhiges Plätzchen. Nehmen Sie die ägyptische Pose ein, und atmen Sie ein paarmal langsam und tief durch. Führen Sie sich einige der Illusionen vor Augen, mit denen Sie Ihren Tag beginnen. Frage: Wie groß ist Ihre Kontrolle über Ihren Weg zur Arbeit? *Ehrliche* Antwort: nicht groß. Unerwartetes lauert an jeder Ecke. Ein Haufen Gaffer, die einen Unfall beobachten. 2000 rosafarbene Grapefruits, die von einem quer gestellten LKW-Anhänger auf die Straße kullern. Eiszapfen auf den Eisenbahnschienen.

Wir alle wissen, dass »so was eben passiert«. Schwierig wird es dann, wenn Sie glauben, Sie könnten diese äußeren Umstände kontrollieren oder verändern. Beruhigende Gedanken schießen Ihnen durch den Kopf: »Ich nehme eine Nebenstraße. Ich wechsele auf eine schnellere Spur. Ich spreche mit dem Bahnhofsvorsteher.« Doch normalerweise bringt dies alles nichts. Sie können nicht ändern, was um Sie herum geschieht.

Nehmen Sie sich darum jetzt vor, beim ersten unerwarteten Ereignis zu atmen. Auf den ersten Blick mag es albern – oder gar dreist – erscheinen, Ihnen so etwas vorzuschlagen. Schließlich arbeiten Sie in einer Spitzenposition, und ich fordere Sie zu etwas auf, das Sie ohnehin die ganze Zeit tun. Warum sollten Sie das planen? Weil Sie die meiste Zeit Ihres Lebens auf eine ganz andere Art geatmet haben. Sie haben in allem Ihre Angewohnheiten, vom Zähneputzen (Backenzähne zuerst) bis zum Eintauchen eines Teebeutels (zweimal rein). Kein Wunder, dass Sie auch Atemgewohnheiten haben.

Um diese zu verändern, müssen Sie sich etwas konzentrieren. Keine Angst, Sie müssen nicht jeden einzelnen Ihrer rund 25 000 Atemzüge pro Tag verändern. Sie erweitern vielmehr Ihr schon beachtliches Repertoire um eine weitere Fähigkeit: auf dem Weg zur Arbeit – ab und zu – anders zu atmen.

Das Schöne daran, seinen Atem zu verändern, ist, dass es nicht anstrengend ist. Doch Sie brauchen einen Plan. Betrachten wir einmal den Begriff »Absicht«. Wenn Sie etwas planen, sind die Chancen größer, dass es auch geschieht. Sie überlegen umzuziehen? Sie möchten in einer sauberen Stadt leben, zum Beispiel in der Nähe der fantastischen Berge? Dann werden Sie eine Menge Dinge in die Wege leiten, die den Umzug möglich machen. Einen Job suchen, Ihr Haus zum Verkauf anbieten, eine Umzugsfirma engagieren, eine Schule für den Nachwuchs ausfindig machen. Ihre Atemgewohnheiten zu ändern erfordert gleichfalls eine gewisse Planung. Hier drei einfache Schritte:

Erstens: Üben Sie die Zwerchfellatmung, wie sie in »Atmen Sie? Nützliche Tipps« auf Seite 22 beschrieben wird.

Zweitens: Nehmen Sie sich vor, Kleidung zu tragen, in der Sie freier atmen können. Nein, Sie müssen sich keine neue Garderobe kaufen. Denken Sie nur daran, enge Gürtel und Hosenbünde auf dem Weg zur Arbeit zu lockern. Keine Angst, im Auto oder im Zug wird das garantiert niemandem auffallen.

Drittens: Überlegen Sie sich einige Atemsignale für Ihren Arbeitsweg. Bestimmte Anblicke oder Geräusche, die Sie daran erinnern sollen, tief zu atmen. Zum Beispiel eine Hupe, ein Martinshorn, eine rote Ampel. Suchen Sie etwas Einfaches aus, das leicht zu erkennen ist. Wofür Sie sich entscheiden, hängt von Ihrer Umgebung ab. Fahren Sie in zügigem Tempo auf einer belebten Straße? Dann wären

Bremslichter ideal. Sie fahren im Stadtverkehr? Hier wäre eine rote Ampel ein praktisches Signal. Denken Sie daran, dass Ihr Signal weder zu oft noch zu selten auftauchen sollte. Ein Rotschopf in einem Kabrio ist ungeeignet (zu selten). Ein silbernes Auto ebenfalls (zu häufig).

Das Tolle an diesem Spielchen: Ihr Signal taucht genau in dem Moment auf, wenn Sie vermutlich gerade nervös werden. Weiter vorn sehen Sie ein Auto nach dem anderen abbremsen und stehen bleiben. Anstatt zu denken: »Verflucht, schon wieder ein Stau«, ist Ihre Botschaft an sich selbst: »Oh, Zeit zu atmen.«

Haben Sie Geduld mit sich, wenn Sie merken, dass Sie vergessen, Ihre Signale zu beachten. Sie üben eine neue Gewohnheit ein. Wenn Sie Suaheli lernen wollen, wird das auch eine Weile dauern. Genauso ist es mit dem neuen Atmen. Beim Üben werden Sie merken, wie all die unangenehmen körperlichen Symptome des Ärgers – angespannter Bauch, zusammengebissene Zähne, Kopfschmerzen – verfliegen.

Also, das nächste Mal, wenn jemand die Hupe nicht loslässt, lächeln Sie. Es ist nur Ihr Signal.

Spezialitäten für Pendler

Entlastung für Körper und Geist – am Steuer

Über fünfzig Minuten pro Tag verbringen die Deutschen auf dem Weg zur und von der Arbeit durchschnittlich in ihrem Auto, stellte das Statistische Bundesamt in einer aktuellen Erhebung fest. Das summiert sich auf jährlich etwa neun Tage am Steuer – ungefähr ein Drittel des Jahresurlaubs.

Halten Sie sich an Ihrem Sicherheitsgurt fest, denn es wird noch besser. Der durchschnittliche Deutsche macht mit achtzehn Jahren den Führerschein und fährt mindestens bis zum Alter von fünfundsechzig Jahren. Das sind siebenundvierzig Jahre. Siebenundvierzig mal neun Tage – das macht insgesamt über ein Jahr auf dem Fahrersitz. *Ein Jahr* seines Lebens verbringt man im Auto! In dieser Zeit könnten Sie zwei Semester studieren!

Sie leben im Einzugsgebiet einer größeren Stadt? Dann dürften Ihnen fünfzig Minuten pro Tag lächerlich wenig vorkommen. Angenommen, Sie brauchen für Ihren Arbeitsweg hin und zurück täglich anderthalb Stunden. Fügen Sie bescheidene drei Stunden pro Woche hinzu, in denen Sie zum Einkaufszentrum flitzen oder Ihre Kinder zum Fußballtraining und zur Ballettstunde kutschieren. Kalkulieren Sie die Fahrten zu einer gemieteten Berghütte an Sommerwochenenden mit ein, dazu einige Ausflüge in die Umgebung. So kommen Sie bis zum Alter von fünfundsechzig Jahren leicht auf *drei* Jahre am Steuer. Das reicht beinahe für ein ganzes Universitätsstudium! Und wer sagt, dass Sie mit fünfundsechzig aufhören, Auto zu fahren?

Erinnern Sie sich, wie oft Sie sich über Zeitmangel beschweren? Üben Sie, Ihren Arbeitsweg als geschenkte Zeit zwischen hier und dort zu betrachten. Bevor Sie sagen: »Ach, so ein Quatsch!«, folgen Sie mir einen Augenblick. So, wie Sie es *jetzt* machen, funktioniert es nicht, warum es also nicht mit einem anderen Weg probieren? Vergessen Sie die Vorstellung, dass zwischen Ihnen und Ihrem Ziel Hindernisse, Hürden und Blockaden liegen. Ihr Arbeitsweg *ist* Ihr Ziel. Er ist eine Chance.

Sie protestieren: »Ich hasse diese Pendelei.« Nun gut, solange Sie an dem Glauben festhalten, dass Sie Ihr Pendlerdasein verabscheuen müssen, ist es sehr schwierig, andere Erfahrungen zu machen. Wenn Sie Abscheu erwarten, werden Sie ihn auch bekommen. Jetzt können Sie sich entscheiden. Sie könnten Ihren täglichen Arbeitsweg einer Beschäftigung widmen, nach der Sie sich schon seit Ewigkeiten sehnen.

Als Erstes nehmen Sie sich vor, es sich bequem zu machen. Ihre Wirbelsäule ist im Lendenwirbelbereich, also an der »Rückseite« Ihrer Taille, natürlich geschwungen. Die meisten Autositze stützen diese Partie nur unzureichend ab. Schalensitze sehen in der Werbung flott aus, sind jedoch zu weich, um Gesäß und Rücken festen Halt zu geben. Immer wenn Sie auf den Autositz plumpsen, das Gesäß kurz vor der Sitzkante, werden Ihre Lendenwirbel so gekrümmt, dass die unteren Bandscheiben zusammengedrückt werden. Damit sind Rückenschmerzen vorprogrammiert.

Wie Sie Belastungen der Lendenwirbel beim Autofahren vermeiden? Schieben Sie das Gesäß bis an die Rückenlehne des Sitzes heran und dehnen Sie die Wirbelsäule leicht in Richtung Autodach. Besorgen Sie sich außerdem ein verstellbares Rückenpolster. Informieren Sie sich im Internet über Rückenstützen. Unter www.ruecken-backshop.de ist zum Beispiel eine hervorragende Auswahl an Kissen, Keilen und Lendenwirbelpolstern erhältlich. Wenn Sie in der Nähe

eines guten Sanitätshauses wohnen, gehen Sie am besten einmal hin und machen eine »Probefahrt« mit den Kissen.
Und für Ihre geistige Entlastung: Entdecken Sie einen für Sie neuen Komponisten oder Musiker. Ganz gleich, ob das nun Bach oder *Sweet Honey in the Rock* ist, probieren Sie einmal Ihnen *unbekannte* Musik aus. Gönnen Sie sich Jazz, afrikanische Trommler, Barockmusik, gregorianische Choräle oder die Gesänge der Buckelwale. Wenn Sie Ihren musikalischen Horizont erweitern, haben Sie weniger das Gefühl, inmitten all der stehenden Autos um Sie herum in der Falle zu sitzen.
Bitte nehmen Sie beruhigende, leise Klänge in Ihr Repertoire auf. (Sie brauchen sie für den unvermeidlichen Stau Stoßstange an Stoßstange.) Stöbern Sie durch die New-Age-Abteilung in Ihrem Plattenladen, oder klicken Sie eine der Webseiten an, die auf entspannende Musik spezialisiert sind. Aber Vorsicht: Spätabends und wenn Sie müde sind, ist entspannende Musik vielleicht zu beruhigend! Wählen Sie dann etwas Lebhafteres.
Sie möchten sich bei der Musikauswahl auf den Diskjockey in Ihrem Plattenladen verlassen? Nun, er mag einen guten Geschmack haben, doch das ist nicht Ihrer. Respektieren Sie Ihre Persönlichkeit und suchen Sie sich selbst etwas aus. Ihre eigene Musik auszuwählen gibt Ihnen auch das befriedigende Gefühl, in einer eigentlich nicht zu beeinflussenden Situation über eine gewisse Kontrolle zu verfügen.
Musik ist nicht Ihr Ding? Dann ist das eine fantastische Gelegenheit, all die Bücher zu entdecken, die zu lesen Sie nie Zeit haben. Nutzen Sie die vielen, vielen Jahre im Stau, die vor Ihnen liegen. Informieren Sie sich in Ihrer Stadtbibliothek und im Buchhandel über Hörbücher auf CD oder Kassette. Sie können auch mit Freunden, die ebenfalls pendeln, CDs tauschen.

Hören Sie sich einen Roman von Paul Auster an. Amüsieren Sie sich wieder einmal über die Radio-Show der Marx-Brothers. Frischen Sie Ihre Shakespeare-Kenntnisse auf. Entdecken Sie Autoren, deren Bücher Sie normalerweise nicht lesen würden. Sie mögen zwar nicht über die Autobahn rasen können, doch Sie können sich in ein Genre hineinkatapultieren, das Ihnen bisher völlig unbekannt war. Vielleicht ist es an der Zeit, die Weisheit des Dalai Lama kennen zu lernen. Oder vertiefen Sie sich in Kassetten über alternative Heilmethoden, Ratschläge gegen das Älterwerden oder Geistheilung. Sie sind im Buchhandel oder im Internet erhältlich.

Achtung: Tragen Sie beim Fahren *keine* Kopfhörer. Sie könnten einen Unfall bauen – beispielsweise wenn Sie die Hupe eines Autos nicht hören, auf dessen Spur Sie zu geraten drohen. Dem Roman zu lauschen ist so fesselnd, dass Sie nicht mehr sicher fahren können? Dann schalten Sie ihn ab. Ebenso bei schlechtem Wetter (Glatteis oder rutschige Straßen), schwierigen Verkehrsverhältnissen oder hoher Geschwindigkeit. Vermeiden Sie jede Ablenkung; konzentrieren Sie sich auf das Autofahren. Stellen Sie die Lautstärke Ihres Kassettenrekorders nie so laut, dass Sie die anderen Verkehrsteilnehmer nicht mehr hören können. Lassen Sie unbedingt die Finger von Ihrem Handy. Laut einer Studie des *New England Journal of Medicine* aus dem Jahre 1997 sind Handy-Benutzer viermal so gefährdet, in Unfälle verwickelt zu werden, wie Fahrer, die kein Handy benutzen. Telefonieren Sie, wenn überhaupt, nur mit Freisprechanlage, wie es ja auch der Gesetzgeber vorgeschrieben hat.

Lassen Sie Ihre Fantasie spielen, und überlegen Sie sich Ihre eigenen Möglichkeiten, wie Sie die Fahrt bequemer und angenehmer gestalten können.

Im Stau: Genießen Sie die Aussicht

Sie sind den Weg schon über tausendmal gefahren. Sie glauben, Sie kennen jeden Baum neben dem Randstreifen, jeden Parkplatz, jeden Quadratzentimeter Asphalt wie Ihren eigenen Handrücken. Weit gefehlt. Egal, wie aufmerksam Sie sind, Sie verpassen regelmäßig Dutzende von Wundern an Ihrem Arbeitsweg.

Wenn Sie das nächste Mal im Stau stehen, schauen Sie sich um. Versuchen Sie, die vertraute Umgebung forschend zu betrachten. Natürlich sind Sie schon unzählige Male an dieser Weißbirke vorbeigefahren. Und doch gibt es da etwas, das Sie noch nicht gesehen haben. Die Art, wie die unteren Äste stark nach links gebogen sind. Das Vogelnest dicht am Baumstamm.

Wenn Sie aus Moskau kämen und die Wunder Ihres Landes zum ersten Mal vor Augen hätten, würde Sie die Birke vielleicht vom Hocker reißen. (Ich habe einmal einen Slawen kennen gelernt, dem man gesagt hatte, Weißbirken, welche die Russen besonders mögen, gebe es nur in Russland.) Wären Sie ein Ureinwohner Amerikas aus dem siebzehnten Jahrhundert, dann wäre die Birke von ganz anderem Interesse für Sie. Sie würden aufmerksam das Muster auf dem Stamm begutachten und schauen, wie gerade und wie hoch er ist. Würde er sich zur Herstellung eines Birkenrindenkanus eignen?

Und was ist mit dem Gras neben der Straße? Übersät mit Müll? Keinen zweiten Blick wert? Sie haben Recht, es ist keine üppige Waldlichtung. Doch auch das staubige Gras birgt seine Wunder. Ich habe einmal von einem Wissenschaftler gehört, der Graswurzeln gemessen hat. Zuerst be-

freite er die Wurzeln sorgfältig von Erde. Dann wusch er sie und trennte sie vorsichtig voneinander, um sie anschließend zu vermessen. Die Länge der Wurzeln, wenn man sie aneinander gelegt hätte? Fünfhundert Kilometer! Gut, dass es so merkwürdige Ideen gibt, die einen Wissenschaftler erstaunliche Dinge messen lassen.
Wenn Sie sich das nächste Mal über einen Stau ärgern, denken Sie an die vielen Kilometer Wurzeln, die sich in die Erde Ihres »langweiligen« Randstreifens bohren. Fügen Sie eine Horde Ameisen und andere Insekten hinzu, die in diesem komplizierten Geflecht aus Wurzeln und Erde herumkrabbeln, und schon haben Sie einen lebendigen Mikrokosmos.
Sie müssen kein Freund von Ameisen sein, um sich von der Langeweile und dem Frust im Stau abzulenken. Schließlich existiert überall um sie herum ein faszinierendes Universum. Lassen Sie den Stillstand zu einer Insel der Ruhe werden, einer Zeit, in der Sie sich an Himmel, Wolken, Gras, Vögeln und natürlich Menschen erfreuen.
Vielleicht stecken Sie zwischen lauter schäbigen Vorstadthäusern auf der Straße fest. Auf den ersten Blick sehen sie alle gleich aus. Doch jedes birgt eine faszinierende Sammlung der Gattung Homo sapiens. Vielleicht lebt dort ein angehender Weltklassepianist oder eine talentierte zukünftige Neurochirurgin. Oder aber ein hochbegabter Sozialarbeiter, der das Leben Tausender Kinder im Rollstuhl schöner macht. Betrachten Sie die Häuser mit neuem Interesse.
Der Mann dort, der den Rasen mäht. Woran denkt er gerade? Wahrscheinlich nicht an die Kilometer von Wurzelwerk unter seinem Gras! Und die Frau, die aus dem Küchenfenster schaut? Ist sie eine allein erziehende, berufstätige Mutter, die wegen ihres kranken Kindes zu Hause ist? Hinter jedem Fenster und jeder Tür liegt eine Geschichte. Eine lus-

tige, seltsame, langweilige, traurige und schöne Geschichte. Jede einzelne hätte tausend Oscars verdient.
Und in der Stadt? Schauen Sie das raffinierte Muster aus Wolken und Himmel an, das sich in den Schaufenstern spiegelt. Die sich wandelnden und verschiebenden Formen und Farben stecken voller Überraschungen. Betrachten Sie einen Kirchturm gegen den Himmel. Wenn sich die Wolken dahinter bewegen, scheint er leicht zu schwanken. Freuen Sie sich am Schatten eines Baumes auf einer Ziegelmauer. Es ist erstaunlich, wie viel Spaß es machen kann, gewöhnliche Dinge ganz neu zu betrachten.
Schauen Sie ringsumher, auch wenn Sie dafür den Hals verdrehen müssen. Lassen Sie Ihren Blick über die Formen von Giebeln, Simsen und Dachrinnen wandern. Freuen Sie sich an den merkwürdigen Eckchen, an denen ein Architekt seine Fantasie hat spielen lassen. Achten Sie auf Bäume und Sträucher, die über Brüstungen ragen. Wer weiß, vielleicht sehen Sie sogar einen Falken vorbeifliegen!
Der Stau hat sich aufgelöst. Setzen Sie Ihre Fahrt fort. Wenn Sie das nächste Mal mit quietschenden Reifen zum Stehen kommen, schauen Sie sich um, als wären Sie ein Dichter oder eine junge Reporterin bei ihrem ersten Auftrag. Lassen Sie Ihrem Blick und Ihrer Fantasie freien Lauf!

Stress abbauen

Auf einer Schnellstraße mehrere Tonnen Stahl zu transportieren, das erfordert hohe Konzentration. Zusammengebissene Zähne oder ein verspannter Nacken machen Sie jedoch nicht zu einem sichereren Fahrer – ganz im Gegenteil. Die Muskeln unnötig anzuspannen ermüdet, und je müder Sie sind, desto weniger aufmerksam sind Sie auch.
Suchen wir einmal Ihren Körper ab, um festzustellen, welche Partien verkrampft sind, und eine passende Entspannungsübung dafür zu finden. Diese Reihe von Mini-Übungen können Sie während der Fahrt oder auch mitten im Stau durchführen.
Untersuchen Sie Ihre Finger. Halten Sie das Lenkrad umklammert wie ein Rettungsfloß, mit dem Sie auf einem Meer treiben, in dem es von Haien wimmelt? Auch wenn das Lenkrad mit dem feinsten Lederimitat überzogen ist, lösen Ihre verkrampften Finger eine Kettenreaktion aus. Das geht so:
Viele der Muskeln, die Handgelenk und Finger bewegen, laufen durch den ganzen Unterarm und sind am *Humerus*, dem Oberarmknochen, befestigt. Spannen Sie Finger und Handgelenk an, und der ganze Unterarm wird hart wie Stahl. Wenn Sie das nächste Mal an einer Ampel halten, nehmen Sie eine Hand vom Lenkrad, und ballen Sie sie zur Faust. (Achten Sie darauf, dabei keinen anderen Verkehrsteilnehmer anzuschauen. Er könnte Ihre Faust fälschlich als drohende Geste interpretieren.)
Spüren Sie, wie sich sofort der ganze Unterarm anspannt. Sie werden die Spannung auch ihren Oberarm hinauf und

bis in die Schulter wandern fühlen. Ihr Bizeps zieht sich zusammen, die Schulter spannt sich an. Stellen Sie sich vor, Sie würden eine Dreiviertelstunde in dieser starren Haltung fahren. Kein Wunder, dass Sie Ihr Ziel häufig mit verkrampfter, verspannter Muskulatur erreichen und sich wie gerädert fühlen.

Üben Sie nun, mit lockeren, entspannten Händen weiterzufahren. Sie sollten dabei nicht am Radio drehen, eine CD einlegen oder telefonieren. Lassen Sie die Hände am Lenkrad. Achten Sie zugleich bewusst auf Ihre Finger. Wirken sie unnötig verkrampft? Dann lockern Sie den Griff noch etwas. Sie können sogar ein paar Finger *einer* Hand vom Lenkrad lösen und ein wenig bewegen. Aber bitte immer nur eine Hand! Stellen Sie sich vor, Sie wären ein Flötist, der ein Mozart-Tremolo spielt. Atmen Sie. Dann wechseln Sie die Hand.

Wenn Sie zu den Rasern gehören, die mit halsbrecherischer Geschwindigkeit über die Straßen flitzen, dabei mit einer Hand wild gestikulieren und das Lenkrad nur mit zwei Fingern der anderen Hand leicht berühren, machen Sie diese Übung *nicht*. (Lassen Sie außerdem einmal Ihren Kopf untersuchen.) Sie ist nur für beidhändige Fahrer gedacht.

Fragen Sie sich bei der Weiterfahrt von Zeit zu Zeit: »Sind meine Finger entspannt?« Dann lassen Sie sie lockerer werden.

Beobachten Sie Ihre Handgelenke. Sind sie steif wie das sprichwörtliche Brett? Wenn Sie beim Fahren das nächste Mal irgendwo anhalten müssen, nehmen Sie eine Hand vom Lenkrad und lassen das Handgelenk sanft kreisen. Langsam. In beiden Richtungen. Atmen Sie dabei. Legen Sie die Hand wieder ans Lenkrad, bevor Sie mit der anderen fortfahren.

Wenn Sie weiterfahren, achten Sie auf Ihre Schultern. Hängen Sie vornübergebeugt über dem Lenkrad? Machen Ihre Schultern Anstalten, zu Ohrenschützern zu werden? Lassen Sie sie ganz locker fallen. Beim nächsten Stopp lassen Sie die Arme herabhängen, die Ellbogen leicht angewinkelt, und ziehen die Schultern bis zu den Ohren hoch. Nach ein paar Sekunden lassen Sie sie wieder fallen. Wiederholen Sie dies drei- bis fünfmal.
Was passiert mit Ihrem Hals? Haben Sie das Gefühl, er steckt in einem Schraubstock? Sind die Muskeln angespannt wie bei einem Preisboxer? Beim nächsten Halt drehen Sie den Kopf vorsichtig und langsam von einer Seite zur anderen. Mit gestreckter Wirbelsäule wenden Sie den Kopf langsam nach rechts, um über die Schulter zu schauen. Bleiben Sie einen Augenblick so, und atmen Sie einmal tief durch. Schauen Sie wieder nach vorn. Drehen Sie nun den Kopf nach links, um über die andere Schulter zu schauen. Atmen Sie wieder tief durch.
Und Ihr Kiefer? Fühlt er sich an, als würde bei Ihnen bereits die Totenstarre einsetzen? Diesmal müssen Sie nicht bis zum nächsten Stau oder auf eine rote Ampel warten. Spüren Sie in Ihren Kiefer hinein. Lassen Sie den Unterkiefer fallen, öffnen Sie den Mund ganz weit, als ob der Arzt mit einer kleinen Lampe in Ihren Rachen schauen wollte. Schließen Sie den Mund wieder und lassen Sie ihn locker. Mehrmals wiederholen.
Versuchen Sie, den Kiefer hin- und herzubewegen. Wackeln Sie mit dem Kinn von rechts nach links. Öffnen und schließen Sie den Mund. (Achten Sie wieder darauf, dass Sie dabei keine anderen Autofahrer direkt anschauen – sie könnten denken, Sie formulieren Schimpfwörter!) Lassen Sie den Kiefer kreisen, kauen Sie, als würden Sie mit den Backenzähnen einen dicken Klumpen klebriges Karamell

zermahlen. Geben Sie Geräusche von sich, vielleicht sogar Ah-Laute.
Wiederholen Sie dies immer dann, wenn Sie spüren, dass Sie sich anspannen.

Ruhiger fahren 1: Wir Pendler

Es passiert Ihnen einfach. Auf der Landstraße regen Sie sich immer öfter auf. Und der Verkehr scheint immer schlimmer zu werden. Nun, das wird er auch. Schauen Sie sich die Zahlen an. Die Anzahl angemeldeter Fahrzeuge ist in Deutschland von 1950 bis 1995 von einer Million auf über vierzig Millionen gestiegen, also um das Vierzigfache. Die Zahl der Gesamtkilometer gebauter Straßen hat sich dagegen nur um weniger als das 1,5-fache erhöht. Und dabei werden pro Jahr etwa siebzehn Milliarden Euro für Straßenneubau und Straßenerhalt ausgegeben.[1] Die Schlacht geht verloren. Egal, wie viele Kilometer Landstraßen Wälder zerstören und Wiesen zupflastern, der Straßenbau kann mit der Menge der Autos, die vom Band laufen, nicht Schritt halten.

Die Antwort auf das Verkehrschaos in Bangkok? Fahren Sie zwischen zwei und vier Uhr nachts! Diese Lösung mag Ihnen nicht besonders gefallen. Warum also ändern Sie nicht Ihre negativen Gefühle gegenüber all den anderen, die sich auf den Straßen drängen? Üben Sie, »wir« zu sagen.

Üben Sie das ein paarmal, wenn Sie *nicht* auf der Straße unterwegs sind. Versuchen Sie es an einem Wochenende an einem ruhigen Plätzchen zu Hause. Stellen Sie sich vor, Sie würden im Stau stehen. Soweit das Auge reicht, nichts als glänzendes Metall und blinkende Bremslichter. Ein Auto am anderen, wie auf dem Parkplatz eines Fußballstadions bei einem Finale. Ein Meer unbeweglicher Metallhaufen.

1 Quellen: Statistisches Bundesamt und Kraftfahrtbundesamt

Himmel, Sie könnten auf den Autodächern zur Arbeit gehen!

Allein bei der Vorstellung kommen Sie vielleicht schon ins Schwitzen. Atmen Sie ein paarmal tief durch. Nehmen Sie sich einen Moment Zeit, um an die Menschen in den Blechkisten zu denken. All diese Exemplare der quicklebendigen Menschheit. Die Leute, die – mit Ihnen zusammen – für die verstopften Straßen verantwortlich sind.

Nun stellen Sie sich vor, wie Sie morgens zur Arbeit fahren. Was haben Sie mit den anderen Pendlern gemeinsam? Denken Sie nur an ein paar Dinge, die Sie miteinander teilen. So wie Sie sind auch die anderen gerade aufgestanden. Waren sie in der Nacht wach und haben ein Kind mit einem gebrochenen Arm getröstet? Haben sie ihrer Freundin um ein Uhr nachts einen Heiratsantrag gemacht? Es lässt sich nicht sagen, welche Achterbahn der Gefühle sie bis zum Morgengrauen wach gehalten hat.

An einem typischen Arbeitstag kann auch Ihr Morgen ganz schön hektisch sein. Denken Sie an Ihre eigenen Erfahrungen, um sich vorzustellen, warum die anderen Autofahrer gereizt sein könnten. Vielleicht ist der Griff eines Wasserhahns im Bad abgebrochen? Oder ein Teenager hat während des ganzen Frühstücks herumgemault?

Die Leute, die dort in den Kisten aus panzerähnlichem Blech sitzen, sind verletzliche Menschen. Aufregend einzigartige Individuen. Wenn Sie ihnen ganz unbefangen auf der Straße begegneten, würden Sie im Traum nicht daran denken, sie zu verfluchen. Atmen Sie durch. Es ist eine neue Technik, voller Sympathie und Anteilnahme an die anderen Autofahrer zu denken.

Und noch etwas haben Sie alle gemeinsam: Sie sind nicht gerade scharf auf das Pendeln. Sie mögen keine Staus. Sie hassen schlechte Autofahrer. Sie werden sauer, wenn andere Ihr Leben gefährden. Sie glauben, Sie könnten besser Auto fahren als die meisten anderen, die unterwegs sind. Merkwürdig, oder? Jeder glaubt, der andere sei ein mieser Fahrer. Wessen Wahrnehmung stimmt nicht? Ihre? Oder die der anderen?

Möglicherweise sind die anderen – wer immer sie auch sein mögen – exzellente Fahrer. Doch manchmal verhalten sie sich ungeschickt. Fragen Sie sich selbst: »Habe ich mich im Straßenverkehr jemals dämlich angestellt?«

Atmen Sie weiter. Was wäre, wenn Sie die anderen als »wir« betrachten würden? Ich und die anderen zusammen. Wir. Natürlich tun Sie das bereits. Schließlich sind Sie ein netter, rücksichtsvoller Mensch. Mit dem Kopf denken Sie ganz gern voller Toleranz an andere Fahrer. Bei Ihrem Bauch ist das anders. Grrrr. Die anderen sind Ihnen im Weg. Ihretwegen kommen Sie zu spät zur Arbeit. Bla, bla, bla.

Atmen Sie. Was auch immer Ihre Geschichte ist – jeder da draußen hat seine eigene Geschichte. Und die ist genauso bedeutsam, faszinierend und fesselnd wie Ihre – wenigstens für ihn selbst.

Im Grunde sind all die anderen Pendler nette Leute. Sie machen sich Sorgen, wenn ihre Partner, Kinder und Freunde unglücklich oder krank sind. Sie wollen die beste Erziehung für Ihre Kinder. Sie wünschen sich ein langes, erfülltes Leben. Kurz, Sie haben jede Menge gemeinsam mit diesen völlig fremden Menschen auf der Landstraße.

Klar, manche von ihnen würden Sie nicht zu Freunden auserwählen. Andere sind egoistisch oder sogar Gauner. Manche sind erbärmliche Autofahrer. Aber die meisten sind ganz normale Leute. Unterwegs zur Arbeit, auf dem Heimweg. Genau wie Sie – gelegentliche Fehlurteile nicht ausgeschlossen.

Während Sie gemütlich zu Hause sitzen, fassen Sie für Ihren nächsten Arbeitsweg einen Entschluss. Nehmen Sie sich vor, Verhaltensweisen zu vermeiden, die Sie von dem »Wir«-Gefühl mit den anderen Pendlern trennen. Verzichten Sie darauf, ständig die Spur zu wechseln. Starren Sie nicht wütend in den Rückspiegel. Hören Sie auf, die anderen im Geiste oder tatsächlich mit Schimpfwörtern zu bedenken. Und halten Sie ausreichend Sicherheitsabstand zu dem Wagen vor Ihnen.

Nachdem Sie dieses neue Verständnis für die anderen Pendler zu Hause geübt haben, probieren Sie es auf der Straße aus. Wundern Sie sich nicht, wenn Sie bei den ersten Fahrten ärgerlich werden. Jahrelang haben Sie die Autofahrer um sich herum beschimpft, und ihre Gefühle ändern sich nicht von einem Tag auf den anderen. Wenn Sie wütend werden, dann nehmen Sie Ihre Wut wahr: »Aha, nun werde ich also wieder wütend.« Und lassen Sie Ihren Ärger verfliegen.

Konzentrieren Sie sich geduldig wieder auf die Leute in den Autos. Quicklebendige Väter, Mütter, Töchter, Söhne, Partner, Freunde von irgendjemandem. Jeder mit seinem eigenen Beziehungsgeflecht. Menschen wie Sie. Wir. Gemeinsam auf derselben Landstraße unterwegs, auf demselben Fluss des Lebens.

Ruhiger fahren 2: Seien Sie netter – zu Ihrem Herzen

Vielleicht kennen Sie den englischen Begriff *Road rage*, der Aggressivität im Straßenverkehr bezeichnet. Sicher glauben Sie, Sie wären davon nicht betroffen. Zwischen Ihnen und jemandem, der wütend den Kofferraum eines fremden Wagens mit einem Golfschläger wüst demoliert, besteht ein großer Unterschied. Sie sind ein intelligenter, liebevoller Mensch, der seine beiden halbwüchsigen Söhne zum Fußballtraining fährt.

Doch Sie werden zugeben, dass auch Sie solche Momente kennen. Momente, in denen Sie Aggressionen verspüren, wenn jemand knapp vor Ihnen einschert. In denen Sie den Fahrer hinter sich am liebsten anschreien würden – er fährt schon seit Kilometern zu dicht auf! Oft kommen Sie müde, verärgert und mit hämmernden Kopfschmerzen am Ziel an. Total gestresst. Und doch denken Sie, das wäre nichts Besonderes. Ein – wenn auch unangenehmer – Teil des Lebens im einundzwanzigsten Jahrhundert eben. Unvermeidlich. Zeit, an Ihre Gesundheit zu denken.

Wie wir bereits im Kapitel »Warum die Tiefenatmung hilft« gesehen haben, stellt Ihr ganzer Körper sich in einer Gefahrensituation darauf ein, einem außer Kontrolle geratenen Wagen oder einem auf Sie zurasenden Bus auszuweichen oder vor einem Brand wegzurennen. Auch wenn die Gefahr nicht akut ist, sondern nur in Ihrer Wahrnehmung existiert (»Ich hasse diesen Typen«), steigen Atemfrequenz und Blutdruck, Ihr Herzschlag beschleunigt sich und eine Vielzahl anderer komplexer Systeme in Ihrem Körper tritt in Aktion.

Gleichzeitig schüttet Ihr Körper Stresshormone aus, zum Beispiel Adrenalin und Steroide. Diese netten chemischen Verbindungen sorgen dafür, dass Ihr Körper auf Gefahren entsprechend reagieren kann. Weniger nett ist, dass diese Hormone noch lange nach einer Stress-Situation im Körper verbleiben. So ist der Fahrer, über den Sie sich so geärgert hatten, längst abgebogen, verschwunden, aber die Stresshormone geben nicht so schnell auf. Manche bleiben noch stundenlang in Ihrem Blut und sorgen dafür, dass Sie sich aufgedreht fühlen. Sie halten auch Ihren Blutdruck hoch. Nehmen Sie noch etwas chronischen Ärger und Reizbarkeit (wodurch ihr Blutdruck ebenfalls steigt), und schon haben Sie ein Problem.

Ihr ganzer Körper läuft gewissermaßen auf Hochtouren. Wird dies zum Dauerzustand, dann wirkt es sich auf Ihre Gesundheit aus. Studien belegen heute eindeutig einen Zusammenhang zwischen chronischem Stress und einem geschwächten Immunsystem. In der Prüfungszeit bekommen Studenten definitiv häufiger Erkältungen! Auch zwischen chronischem Stress, *Hypertonie* (hohem Blutdruck) und der Gesundheit Ihres Herzens besteht eine Verbindung.

Vielleicht sind Sie noch zu jung, um sich wegen Ihres Herzens Gedanken zu machen, aber über Ihre finanzielle Zukunft denken Sie wahrscheinlich bereits nach. Warum betrachten Sie Ihre Gesundheit nicht genauso? Und gewöhnen sich einige Techniken zum Stressabbau an, damit Sie später für gesundheitliche Probleme nicht so anfällig sind? Zahlen Sie etwas Ruhe auf Ihr Sparkonto ein. Hier sind einige Tipps für eine gelassenere und weniger stressige Autofahrt.

Hören Sie beruhigende Musik.

Jedes Mal, wenn jemand knapp vor Ihnen einschert oder sich irgendwie blöd verhält, atmen Sie tief durch. *Jedes Mal,* wenn der Verkehr stockt, atmen Sie tief durch. *Jedes Mal,* wenn Sie sich bei einem gemurmelten Fluch ertappen (»Vollidiot!«, »Hirnloser Trottel!«), atmen Sie tief durch. *Jedes Mal,* wenn Sie merken, dass Sie spät dran sind, atmen Sie tief durch. Beim Durchatmen sagen Sie etwas Versöhnliches, Verständnisvolles zu sich selbst. »Ach, ich alter Nörgler.« Egal, was gerade los ist, sehen Sie es nicht so verbissen. »Na, das war nicht besonders clever.«

Atmen Sie tief durch, und betrachten Sie die Fotos an Ihrem Armaturenbrett. Welche Fotos, fragen Sie?

Wahrscheinlich haben Sie kein Foto an Ihrem Armaturenbrett. Noch nicht. Überlegen Sie, ob Sie nicht eines aufhängen wollen. In der Brieftasche und auf dem Schreibtisch im Büro haben Sie ein Foto von Ihrem Schatz, von Frau und Kindern, von Ihrem Pudel. Wie schön ist es, den Blick von einer langweiligen Tabellenkalkulation zu heben und ein Foto Ihres Zweijährigen mit seinem entwaffnenden Grinsen anzuschauen. Sie haben es letzten Sommer auf einer herrlichen Wanderung in den Bergen gemacht. Ein Blick auf das Foto, und Sie können die frischen Heidelbeeren, die Sie damals gepflückt haben, förmlich riechen!

Warum ermöglichen Sie sich eine solche Aufheiterung nicht auch im Auto? Versuchen Sie es einmal mit einem Kunststoffbilderrahmen mit Magnethaltern. Hängen Sie Ihre Erinnerung an einen guten Freund, an Bruder, Schwester oder Familie ans Armaturenbrett. Wenn Sie das nächste Mal einen »bösen« Autofahrer finster anstarren wollen, lassen Sie Ihren Blick sofort zu dem Foto schweifen. Atmen Sie ein paarmal tief durch. Erinnern Sie sich an ein besonderes Erlebnis mit der Person auf dem Foto. Atmen Sie noch ein paarmal durch.

Der Verkehr gerät wieder einmal ins Stocken? Schauen Sie Ihren Schatz an. Atmen Sie. Glauben Sie mir, nur das Foto zu betrachten und dabei *flach* zu atmen, bringt nicht viel. Sie müssen hier wirklich Ihre tiefe Zwerchfellatmung üben. Wechseln Sie im Laufe der Zeit hin und wieder das Foto aus. Wie wäre es mit dem tollen Schnappschuss von Ihrer besten Freundin beim Wandern im Gebirge? Mit dem lustigen Anblick der Seehunde, die Sie am Strand beobachtet haben? Mit einem Sonnenuntergang am Meer? Nehmen Sie alle Bilder, die Sie toll finden.

Kombinieren Sie diese Tipps mit der Übung, sich und die anderen Pendler als »wir« zu betrachten, und Sie werden ruhiger und weniger aufgewühlt an Ihrem Ziel ankommen. Vielleicht – Überraschung! – sogar glücklich.

Sie möchten mehr über die Biologie der Stressreaktionen wissen? Lesen Sie beispielsweise *Warum Zebras keine Migräne kriegen: wie Stress den Menschen krank macht* von Robert Sapolsky.[2]

2 Aus dem Amerikanischen von Brigitte Stein. München: Piper u. a., 1996

Zwei Zauberwörter: Guten Morgen

Rasen Sie zur Arbeit wie mit einer jener altmodischen Rohrpostanlagen in Kaufhäusern (um 1930)? Sie steigen in ein Rohr – zum Beispiel in Ihren Pendlerzug –, hüllen sich in einen Kokon aus feindseligen »Abstand halten!«-Schwingungen und rumpeln schweigend los?

Es geht auch anders. Seit Jahrhunderten schon sagen die Bewohner der Erde »Guten Tag«. Sogar zu Shakespeares Zeiten grüßten sich die Menschen so. Während Sie gerade Ihren Sechsjährigen ins Bett bringen, hat in Japan jemand *ohayõ gozaimasu* auf den Lippen, in Spanien *buenos días,* in Frankreich *bonjour.*

Leben Sie in einer Großstadt? Dann heben Sie sich diesen freundlichen Gruß vermutlich für Familie und Freunde auf. Vielleicht begrüßen Sie damit auch noch Ihren Zeitungshändler oder den Cafébesitzer. Sie leben in einer Kleinstadt oder einem Vorort? Dann sagen Sie vielleicht öfter »Guten Morgen« als ein Stadtmensch. Trotzdem wette ich, dass auch Sie morgens jemandem begegnen, bei dem Sie so tun, als würde er nicht existieren.

Diese beiden Wörter haben zweifellos eine gewisse Macht. Sie gehen ständig um die ganze Welt. *Buon giorno, dzień dobry, dobro jutro.*

Wie wäre es, wenn Sie einmal »Guten Morgen« zu jemandem sagen, dem Sie täglich auf dem Weg zur Arbeit begegnen und den Sie normalerweise ignorieren? Am besten zu einem Bahnbeamten, dem Mann am Fahrkartenschalter oder der Schaffnerin. Auf jeden Fall zu jemand »Offiziellem«, damit keine Missverständnisse entstehen – er/sie soll nicht das Gefühl haben, er/sie wird angemacht. Außerdem ist es ein gutes Gefühl, jemanden freundlich anzusprechen, der Ihnen einen Dienst erweist.

Atmen Sie auf dem Bahnsteig ein paarmal tief durch. Denken Sie an die Millionen Menschen im ganzen Land und anderswo, die auf ihre Weise »Guten Morgen« sagen. Beinahe wie ein Chor von Vogelstimmen. *Joreggelt kivanok. Good morning.*

Achten Sie auf Ihren Tonfall, wenn Sie die Schaffnerin grüßen. Wenn Sie barsch oder abweisend klingen, wird sie eher Ihrer Stimme als Ihren Worten Glauben schenken. Achten Sie auch darauf, wo Sie hinschauen. Starren Sie auf ihren Arm? Versenken Sie den Blick in ihrem Blusenkragen? Versuchen Sie aufzuschauen. Sehen Sie ihr ins Gesicht.

Wenn Sie anfangen, Menschen zu grüßen, beobachten Sie, was Sie dabei empfinden. Versuchen Sie, keinerlei Erwartungen zu hegen, wie die anderen reagieren könnten oder sollten. Sie erwidern nicht sofort »Guten Morgen«? Na gut. Vielleicht haben sie Sie nicht gehört. Vielleicht hat der Letzte, mit dem sie heute gesprochen haben, sie zur Schnecke gemacht. Wenn sie nun freundliche Worte hören, trauen sie ihren Ohren nicht. Ehrlich gesagt ist es auch egal, wie sie reagieren. Was zählt, ist, dass Sie auf einen Ihrer Mitmenschen zugegangen sind.

Wenn Sie ein paar Tage in Folge auf diese Weise »Guten Morgen« gesagt haben, steigern Sie Ihre Freundlichkeit. Wendet sich die Schaffnerin Ihnen zu, schauen Sie ihr in die Augen. Das ist gar nicht so einfach. Einem Fremden in die Augen zu sehen erfordert großes Feingefühl. Schauen Sie nett und freundlich. Gewöhnlich wird Ihr Gegenüber Ihren Blick erfreut erwidern. Vielleicht sogar dankbar.

Dankbar? Ja! Wie würde es Ihnen gefallen, den ganzen Tag mit unfreundlichen und schnippischen Bemerkungen bombardiert zu werden? Oder, vielleicht noch schlimmer, völlig ignoriert zu werden? Wie würde es Ihnen gefallen, in den Wagons auf und ab zu laufen und Fahrkarten abzuknipsen? Werfen Sie der Schaffnerin einen verständnisvollen Blick zu. Sie werden sich beide besser fühlen.

Ein, zwei freundliche Worte, und plötzlich wiegen Ihre eigenen Probleme leichter. Die Sorgen Ihrer Welt lasten nicht mehr so schwer auf Ihnen. Übrigens, wenn Sie glauben, Sie bräuchten diese beiden Wörter nicht zu sagen, weil es ja jemand anderes tut, überlegen Sie noch einmal. Bei Ihrer nächsten Zugfahrt setzen Sie sich hin und beobachten Sie, wie viele Mitreisende freundlich mit der Schaffnerin sprechen. Wenn Sie zur Stoßzeit in einem städtischen Ballungszentrum unterwegs sind, wird das nur alle Jubeljahre einmal vorkommen.

Mit Ihrem Gruß könnten Sie übrigens zum Trendsetter werden. Es macht es den nächsten Mitfahrern leichter, »Guten Morgen« zu sagen, wenn sie Ihre Worte gehört haben. Vor acht Uhr morgens schon fröhlich zu sein ist heute zu viel für Sie? Sie bringen kein »Guten Morgen« über die Lippen? Hier eine Alternative: Setzen Sie sich, und beobachten Sie die Leute, die zusteigen. Stellen Sie sich vor, Sie würden zu den nächsten dreien, die einsteigen, »Guten Morgen« sagen. Schauen Sie sie an, und denken Sie den Gruß im Stillen, wenn die Leute in den Wagon steigen. Es kommt nicht darauf an, ob Ihnen der Schwung ihrer Augenbrauen gefällt, ihr Gesichtsausdruck oder ob Sie die Zeitung, die sie in der Hand halten, ebenfalls schätzen. Sagen Sie innerlich »Guten Morgen« zu ihnen. Auch wenn man Ihre Worte nicht hören kann, werden Sie sich, wenn Sie sie denken, besser fühlen, nicht so unruhig.

Wenn Sie das »Guten Morgen« beherrschen, möchten Sie das Lexikon der Sätze, die Sie laut aussprechen, bestimmt

erweitern. »Danke«, »Schönen Tag noch«, »Schönen Urlaub«. Klingt das banal? Ist es vielleicht auch. Doch Sie und ein Fremder werden den Tag munter beginnen, voller Schwung und Lebensfreude.
Probieren Sie Ihre aufs Geratewohl verteilte Freundlichkeit auch an Zollbeamten, Busfahrern und U-Bahn-Kontrolleuren aus. Wenn Sie diese Leute bereits grüßen, suchen Sie sich andere. Stadtreiniger sind meine Favoriten. Müllmänner werden oft gemieden. Ein »Guten Morgen« wird sie (und Sie selbst) wirklich überraschen!

So meistern Sie Menschenmengen

Sie befinden sich am Bahnhof inmitten einer Menschenmenge, die sich im Tempo einer schläfrigen Riesenschnecke vorwärts bewegt. Jeweils acht Leute werden dicht an dicht in einen Aufzug gepfercht, der sie nach oben bringt. Was tun?

Erstens – ganz richtig! – durchatmen. Egal, wo Sie sind, bleiben Sie einen Augenblick stehen, und atmen Sie tief durch.

Zweitens: Spüren Sie in Ihre Wirbelsäule hinein. Strecken Sie sie sanft, und dehnen Sie die Rückenmuskeln. Ziehen Sie dabei nicht die Schultern hoch. Spüren Sie, wie sich Ihre Füße gegen den Boden stemmen. Verteilen Sie Ihr Gewicht gleichmäßig auf beide Füße. Atmen Sie weiter – schön in den Bauch hinein.

Als Nächstes erinnern Sie sich daran, dass Sie an den gegenwärtigen *äußeren* Umständen überhaupt nichts ändern können. (Es sei denn, Sie beschließen, umzukehren und das, was Sie vorhatten, ein andermal zu erledigen. Oder gar nicht.) Betrachten Sie nüchtern und kühl die fassbaren Grenzen Ihrer Lage. Gleicht das Ganze letztlich nicht einem simplen Vorwärtsschieben? Sie können sich voranbewegen, indem Sie einen Fuß vor den anderen setzen. Linker Fuß. Rechter Fuß. Rechter Fuß. Linker Fuß.

Wenn Sie sich nun von dem Zwang befreien würden, schneller an Ihrem Ziel, wo und was immer das auch ist, anzukommen? Wenn Sie sich – nur für die nächsten zehn Minuten – von der Vorstellung verabschieden würden, dass es besser wäre, schneller voranzukommen? Plötzlich wären

Sie frei. Frei, die geistigen Möglichkeiten Ihrer Lage zu erforschen.
Frei? Ist das nicht ein allzu bedeutungsschweres Wort für eine Situation, in der Menschen zusammengepfercht sind wie die sprichwörtlichen Ölsardinen? Hm. Atmen Sie weiter durch. Ja, quälende Gedanken werden Ihnen durch den Kopf schießen: »Warum setzen die nicht mehr Züge ein?«, »Warum bin ich nicht früher von zu Hause losgegangen?« Nehmen Sie die Gedanken wahr und lassen Sie sie vorbeiziehen. Geben Sie die Vorstellung auf, dass Sie den Aufzug schneller erreichen müssen – dann können Sie auch aufhören, mit den anderen um den besten Platz zu kämpfen. Über diesen Vorschlag mögen Sie lauthals lachen. Sie sind vom Konkurrenzdenken geprägt, seit Sie zwei Jahre alt waren und Ihre Schwester Ihren Plastik-LKW geklaut hat. Das Konkurrenzdenken hat Ihnen ein Hochschulstipendium eingebracht und wird Sie bis an die Spitze ihrer Anwaltskanzlei befördern.
Machen Sie sich nichts vor. Jeder gegen jeden funktioniert in dieser Menschenmenge nicht. Probieren Sie aus, was passiert, wenn Sie aufhören zu kämpfen. Ja, Sie können natürlich bleiben, wo Sie sind. Doch wenn sich ein Drängler an Ihnen vorbeizwängt, lassen Sie ihn. Er glaubt, er müsse dreißig Sekunden vor Ihnen da sein? Das ist sein Problem. Lassen Sie ihn »gewinnen«. Atmen Sie tief durch. Das Gleiche gilt bezüglich der Frau, die Sie kurz zuvor hinter sich bemerkt haben. Sie hat sich nun vor Sie gedrängt. Lassen Sie sie »gewinnen«.
Damit meine ich nicht, dass Sie zum Fußabtreter werden sollen. Wenn Ihnen jemand auf den Fuß tritt oder Ihnen seinen Ellbogen in die Rippen rammt, protestieren Sie energisch. Denken Sie jedoch nicht daran, Rache zu üben. Atmen Sie einfach weiter durch.

Dr. John Larson, der Autor von *Road Rage to Road Wise* (dt. etwa »Vom Verkehrsrowdy zum gelassenen Fahrer«), einem ausgezeichneten Buch darüber, wie man Wutanfälle im Straßenverkehr bewältigt, gibt hierzu nützliche Ratschläge. Wenn dichter Verkehr herrscht, grüßen Sie im Geiste jeden Fahrer, der Sie schneidet, mit »Ganz, wie Sie wünschen«. Damit will ich nicht sagen, dass Sie normalerweise in solchen Situationen einen Wutanfall bekommen. Doch Sie merken, dass nicht viel dazu fehlt.

Wenn sich das nächste Mal jemand vordrängelt, denken Sie »Ganz, wie Sie wünschen«, »Alter vor Schönheit ...«, »Bitte, nach Ihnen ...«. Kramen Sie die ollen Kamellen hervor. Im Geiste diese Phrasen zu sagen wird Sie gegenüber notorischen Dränglern, die von der Psychologie zu den Typ-A-Persönlichkeiten gezählt werden, etwas freundlicher stimmen.

Der Typ überholt Sie also. Gewinnt sozusagen. Na und? Vielleicht überlegen Sie sogar, ein, zwei Fünkchen Mitgefühl für ihn aufzubringen. Solch rücksichtsloses Benehmen deutet darauf hin, dass jemand stress- und herzinfarktgefährdet ist.

Atmen Sie noch? Kontrollieren Sie Ihre Wirbelsäule: Ist sie noch gestreckt? Sind Ihre Schultern locker? Ist Ihr Hals entspannt? Schieben Sie sich ein paar Schritte weiter vor. Atmen Sie tiefer. Machen Sie lange, tiefe Atemzüge.

Wenn Sie aufhören, mit den anderen zu konkurrieren, werden Sie sich besser fühlen. Warum? Weil Sie nicht mehr schlecht über sie denken müssen. Sie sind darauf fixiert, vor allen anderen den Aufzug zu erreichen? Dann ist jeder Mensch in Ihrer Umgebung für Sie ein abstraktes Gebilde: ein Konkurrent. Und ihre Konkurrenten betrachten Sie unweigerlich ohne jedes Wohlwollen. Sie *verdienen* es, von Ihnen beiseite gedrängt zu werden. Sie sind irgendwie un-

wichtiger, minderwertiger, anders als Sie. Sie sind hässlich, alt, dick, nicht nett, sie drängeln und sind aggressiv. Sie sprechen eine Sprache, die Sie nicht verstehen, und ihre Haarfarbe gefällt Ihnen auch nicht.
Diese Gedanken mögen Sie bewusst oder unbewusst haben. Eine Voraussetzung dafür, dass Sie sich vordrängeln, ist nun mal, dass Sie die anderen nicht mögen. Eine Abneigung gegen Menschen zu haben, vor allem gegen solche, die Sie gar nicht kennen, ist freilich nicht nett. (Bei denen, die Sie kennen, haben Sie vielleicht wenigstens gute Gründe dafür!)
Wie können Sie überhaupt eine Abneigung gegen Menschen haben, von denen Sie rein gar nichts wissen? Der Typ, der Ihnen aus Versehen einen Rippenstoß versetzt hat, ist vielleicht ein richtiger Schatz. Er hat drei Kinder adoptiert. Die Frau direkt vor Ihnen? Sie hat schon dreimal mit dem Kajak das Bering-Meer überquert. Der Mann rechts von Ihnen ist ein weltberühmter Basketballspieler. Neben ihm steht ein Fensterputzer, der regelmäßig auf schmalen Simsen balanciert – im siebenundzwanzigsten Stock. Hinter ihnen folgt ein DNS-Spezialist. Wenn Sie mit irgendjemandem in dieser Menge ins Gespräch kämen, würden Sie alle möglichen Gründe dafür finden, dass die *anderen* vorgehen und Sie die Nachhut bilden sollten.
Atmen Sie tief durch. Schieben Sie sich weiter vorwärts. Einen Fuß vor den anderen setzen.
Nachdem Sie »Menschenmengen meistern« mehrmals geübt haben, werden Sie feine Veränderungen in Ihrem Inneren wahrnehmen. Vielleicht verspüren Sie plötzlich eine merkwürdige Zuneigung zu der nächsten Menschenmenge, in die Sie geraten. Oder Sie betrachten diese bunte Mischung von Fremden angenehm neutral. Sie verbringen eine kurze Zeit mit ihnen. Doch Sie werden sie nie wiedersehen.

Die Bergpose: Wohltat für die Wirbelsäule

Wenn Sie in der U-Bahn nur einen Stehplatz bekommen, was dann? Sumo-Ringen mit Ihrer Zeitung? Stöhnend mit den Zähnen knirschen? Wie wäre es mit etwas ganz anderem? Machen wir eine leichte Dehnübung, die Bergpose.
Suchen Sie sich eine Stange oder einen Griff an einem Sitz neben Ihnen, an dem Sie sich festhalten können, wenn die U-Bahn ruckelt, beschleunigt oder hält. Legen Sie eine Hand an die Stange und lassen Sie den anderen Arm locker hinabhängen. Sie haben eine Aktentasche dabei? Stellen Sie sie auf den Boden zwischen Ihre Füße, sodass beide Füße die Tasche berühren und Sie jederzeit wissen, wo sie ist. Wenn Sie eine Handtasche haben, hängen Sie sie an den erhobenen Arm.
Atmen Sie tief und gleichmäßig durch. Halten Sie die Knie leicht gebeugt. So stehen Sie sicherer, wenn die U-Bahn plötzlich hält. Stemmen Sie die Fußsohlen gegen den Boden. Spüren Sie Ihre Füße fest auf dem Boden stehen. Oft bevorzugen wir einen Fuß vor dem anderen. Das sollten Sie jetzt vermeiden – achten Sie darauf, Ihr Gewicht gleichmäßig auf beide Füße zu verteilen.
Beginnen Sie, sich durch die Wirbelsäule sanft nach oben zu dehnen. Erinnern Sie sich bitte: Ich verwende den Begriff »strecken«, wenn Sie sich, ohne zu verkrampfen oder anzuspannen, nach oben dehnen sollen. Dehnen Sie die Wirbelsäule schön nach oben. Spüren Sie eine fließende Leichtigkeit im Rücken.
Suchen Sie sich eine senkrechte Linie, an der Sie Ihren Rücken ausrichten können, vielleicht die Seite einer Tür, einen

Fensterrahmen oder eine andere Haltestange. Benutzen Sie diese Vertikale, um in der Dehnung nach oben zu bleiben. Achten Sie auf Ihre Schultern. Wenn sie zu Ihren Ohren hinaufwandern, lassen Sie sie wieder fallen. Spüren Sie Ihre Schulterblätter in Ihrem Rücken ganz weich werden.

Heben Sie auch den Hals leicht an. Spüren Sie, wie die Dehnung im oberen Rücken beginnt und sich bis in den Hals fortsetzt. Lassen Sie den Hals locker. Dehnen Sie den Hals auf beiden Seiten sanft nach oben. Stellen Sie sich vor, er würde oben auf Ihrer Wirbelsäule schwimmen. Denken Sie noch ans Atmen? (Wenn wir uns konzentrieren, halten wir oft den Atem an.) Atmen Sie tief durch.

Entspannen Sie die Augen. Lassen Sie sie offen, aber ohne den Blick auf etwas Konkretes zu richten. Lassen Sie den Kiefer locker. Entspannen Sie die Gesichtsmuskeln. Atmen Sie weiter.

Was macht der Arm, mit dem Sie sich festhalten? Ist er angespannt? Lassen Sie ihn locker. Kontrollieren Sie den anderen Arm. Lassen Sie ihn locker hinabhängen. Achten Sie auch auf die Finger an beiden Händen. Wenn sie zur Faust geballt sind, dann lassen Sie sie locker. Atmen Sie weiter.

Nun achten Sie wieder auf Ihre Füße. Spüren Sie sie fest auf dem Boden stehen. Verteilen Sie Ihr Gewicht gleichmäßig auf Ballen und Fersen. Jemand rempelt Sie an? Atmen Sie einfach weiter.

Stellen Sie sich vor, Sie wären ein Berg. Berge sind fantastische Gebilde. Denken Sie an die Gesteinsschichten in einem Berg. Die Felsnase aus Granit. Die mächtigen Felsbrocken. Berge haben ewigen Bestand. Schnee, Schneeregen, Wolkenbrüche oder sengende Sonne können ihnen nichts anhaben. Unbeeindruckt von Blitzen, Tornados und Waldbränden sind sie einfach ganz und gar Berg. Wolken, die ihre zerklüfteten Gipfel einhüllen, stören sie gar nicht. Nebel, Hagel, Blizzards sind diesen olympischen Riesen gleichgültig. Manchmal passiert ein Erdbeben, und der Berg zuckt nur mit den Schultern. Ansonsten *ist* er einfach. Massiv, stark und geduldig. Berge haben es nicht eilig und rühren sich nicht. Sie warten. Ganz ruhig.

Spüren Sie ein wenig Bergenergie in Ihrem Körper aufsteigen. Atmen Sie weiterhin tief durch. Halten Sie die Wirbelsäule leicht gestreckt. Spüren Sie, wie Sie allmählich größer werden. Sie stehen fest und ruhig da wie ein Berg. Nehmen Sie die Unerschütterlichkeit tief in Ihrem Inneren wahr. Spüren Sie in Ihrem Innersten Stille und Ruhe. Sie könnten jahrhundertelang hier stehen und mit den Bewegungen des Zuges sacht schwanken. Ein Kind fängt an zu quengeln. Ignorieren Sie es. Konzentrieren Sie sich auf Ihre Bergenergie.

Nun lächeln Sie ganz leicht. Heben Sie die Mundwinkel nur ein kleines bisschen. Sie sollen kein breites Zahnpastawerbungsgrinsen à la Hollywood präsentieren. Nur die Andeutung eines Lächelns. Nehmen Sie Veränderungen Ihrer Stimmung wahr. (Studien haben ergeben, dass selbst ein einfaches, mechanisches Lächeln die Stimmung tatsächlich hebt.)

Bleiben Sie in der aufrechten Haltung, bis Sie am Ziel sind. Wenn Sie unter solchen Umständen aufrecht stehen bleiben können, mit Hunderten von Fremden in einer U-Bahn zusammengedrängt, die dahinrast (oder langsam vorankriecht, je nachdem, wann Sie fahren und welche technischen Pannen sich ereignen) – also, dann ist das bewundernswert! Stellen Sie sich vor, was an Ihrem Arbeitsplatz möglich wäre, wenn Sie bei einem Gespräch mit Ihrem Vorgesetzten wie ein Berg sein könnten.

Um Ihre Erfahrung mit der Bergpose zu vertiefen, üben Sie

diese zu Hause. Dabei heben Sie beide Arme über den Kopf. Sie können die Arme entweder mit nach vorne zeigenden Handflächen V-förmig halten oder sie dicht neben den Ohren nach oben strecken, mit den Handflächen nach innen. Auch wenn Sie die Arme heben, lassen Sie die Schultern locker. Üben Sie dies ein paarmal vor dem Spiegel. Beobachten Sie, ob Sie die Schultern hochziehen. Dann wenden Sie sich vom Spiegel ab und üben, ohne sich dabei anzuschauen.
Strecken Sie sich von den Füßen bis hinauf in die Fingerspitzen. Nehmen Sie wahr, wie Ihre Füße fest auf dem Boden stehen. Stellen Sie sich vor, die Füße wären mit der Erde unter dem Gebäude verbunden, in dem Sie stehen. Genießen Sie es, wie die Bergenergie durch Ihren Körper strömt.
Wenn Sie das nächste Mal in der U-Bahn üben, erinnern Sie sich daran, wie es war, beide Arme über den Kopf gestreckt zu halten. Die Bergpose eignet sich natürlich auch für volle Züge, Busse und Straßenbahnen.

Trainieren Sie Ihr Mitgefühl

Sie sitzen im Pendlerzug? Haben angesichts des morgendlichen Arbeitsweges irgendwie schlechte Laune? Wie wäre es, ein wenig Mitgefühl zu üben – mit den Fremden um Sie herum? Nehmen Sie die ägyptische Pose ein, und beginnen Sie, tief durchzuatmen. Suchen Sie sich dann jemanden aus, der mindestens drei Meter entfernt sitzt. Wählen Sie ein kleines oder etwas größeres Kind (nicht nötig, die Übung besonders schwierig zu gestalten, indem Sie sich für einen Teenager entscheiden, dessen Hormone gerade verrückt spielen). Ein schlafendes Kind ist für den Anfang gut geeignet.

Betrachten Sie das Gesicht des Kindes, seine Wimpern, den Mund, die kleinen Hände, Finger und Nägel; schauen Sie die Decke an, in die es eingehüllt ist, die Söckchen an den Füßen, den Latzanzug oder die Mütze. Vermeiden Sie es, zu überlegen, ob Sie das Baby niedlich oder hässlich finden, ob es sich wohl zu fühlen scheint oder nicht, ob Ihnen das Äußere der Person gefällt, die das Baby auf dem Arm hat, und ob Sie deren Art, sich um das Baby zu kümmern, gut finden.

Atmen Sie. Entspannen Sie Hals und Schultern. Machen Sie einfach still Ihre Beobachtungen. Nehmen Sie dieses winzige Geschöpf in seiner Verletzlichkeit und Zerbrechlichkeit wahr. Nach einem Moment wenden Sie den Blick ab und schauen auf einen freien Sitz oder eine kahle Wand. (Wenn Sie zu lange hinstarren, könnte der Erwachsene mit dem Baby nervös werden.)

Denken Sie über die Zukunft dieses kleinen Mädchens oder Jungens nach. Welche Möglichkeiten werden sich dem

Kind eröffnen? Wenn es ein Mädchen ist: Wird die Kleine einmal die Schule abschließen? Auf die Universität gehen? Als Beste das Jurastudium beenden? Wird sie bei IBM den Durchbruch schaffen und zum Chief Executive Officer aufsteigen? Wenn es ein Junge ist: Wird er ein berühmter Torwart? U-Bahn-Schaffner? Dentalhygieniker? Der Computercrack des Jahrhunderts? Stolzer Vater von Zwillingen?
Betrachten Sie die Händchen noch einmal. Freuen Sie sich an dem Wunder der winzigen Finger. Wie wird dieses Baby seine Finger gebrauchen? Wird es Klavier spielen lernen? Schachmeister werden? Oder Botaniker, der im Labor vorsichtig Samen in Versuchsböden drückt? Schauen Sie die pummeligen Beinchen an. Wohin werden sie diesen Menschen tragen? Wird er ein professioneller Tänzer in den Musicals am Broadway? Wird er bei der Feuerwehr auf Leitern steigen und Kinder aus den Flammen retten? Beobachten Sie den Kopf. Welche Gedanken werden durch das Gehirn dieses Menschen gehen? Wird er über die Bedeutung entfernter Planeten nachdenken, neue Kometen entdecken, eine neue Theorie zu den Schwarzen Löchern präsentieren? Wird er ein brillanter Stratege auf dem Basketballfeld oder ein Experte in Differenzial- und Integralrechnung werden?
Es gibt unendlich viele Möglichkeiten. Sie werden nie erfahren, was aus diesem Bündel an Potenzialen einmal wird, das hier vor Ihnen sitzt. Lassen Sie in sich Mitgefühl wach werden für alle Schicksalsschläge und Schlamassel, die noch auf dem Weg dieses Babys liegen. Verspüren Sie Wertschätzung und Sympathie für all die harte Arbeit, das Glück, für Leistungen und Freuden, Liebe und Leid, Enttäuschungen, Schmerz und Verluste dieses verwundbaren Sterblichen.
Atmen Sie noch? Wenn nicht, tun Sie es, während Sie die-

sem besonderen, einzigartigen, wunderbaren Menschen Ihr Herz öffnen.
Sind Sie bereit, Ihr Mitgefühl nicht mehr an einem Kind, sondern an einem Erwachsenen zu üben? Viel schwieriger! Beginnen Sie wieder mit jemandem, der mindestens drei Meter entfernt ist. Trotz dieses Abstands wenden Sie diese beruhigende Technik diskret an, ohne jemanden anzustarren. Sie möchten doch nicht, dass die auserwählte Person verlegen wird oder sich unbehaglich fühlt. Sie wollen auch keine Abwehrreaktion hervorrufen. Sie brauchen die Person nur ein paarmal anzuschauen.
Bei der Auswahl des Erwachsenen, auf den Sie sich konzentrieren wollen, entscheiden Sie sich für jemanden, der Sie nicht gleich auf die Palme bringt. Wenn Sie jemanden sehen, der etwas an sich hat, das Sie persönlich nicht ausstehen können – zu kurze oder zu lange Fingernägel, fettige Haut, einen Nasenring –, suchen Sie sich einen anderen Kandidaten. Egal, wen Sie auswählen, ihr produktiver, kreativer Kopf wird sofort anfangen, ihn zu beurteilen. Das ist ein Spiel, das unsere Köpfe ständig spielen. Ein ganz natürlicher Verteidigungsmechanismus; eine Art, zwischen uns und dieser Masse von Fremden, mit denen unser Schicksal vorübergehend verknüpft ist, eine Mauer hochzuziehen. Wenn Sie diese kritischen Gedanken bei sich entdecken, beobachten Sie sie einfach. Manchmal hilft es, sich einfach klar zu machen: »Oh, noch ein kritischer Gedanke.«
Verweilen Sie nicht bei dem Gedanken, und verfolgen Sie ihn nicht weiter. Nehmen Sie ihn einfach wahr, als würden Sie einen Schwarm von Spatzen beobachten, der von einem Baum auffliegt. Sie können ihn nicht zurückhalten. Sie lassen die Vögel aus Ihrem Blickfeld verschwinden und machen sich keine Sorgen darüber, was danach mit ihnen

passiert. Lassen Sie Ihre Gedanken ebenso verschwinden. Es ist beinahe, als ließen Sie sie ins Universum fliegen. Atmen Sie.
Richten Sie Ihr Interesse auf den auserwählten Menschen. Bis hierher hat er oder sie es unversehrt geschafft. Was für einen Beruf übt die Frau aus? Vielleicht ist sie auf dem Heimweg, nachdem sie den ganzen Tag im städtischen Krankenhaus Bettpfannen ausgeleert oder einen prominenten Mandanten vor Gericht verteidigt hat. Wie sieht das Privatleben dieses Mannes aus? Ist er glücklich oder unglücklich verheiratet? Ist seine einzige Tochter letztes Jahr bei einem Badeunfall ertrunken? Ist die Frau ganz aufgeregt, weil sie, nachdem sie sechs Jahre lang jeden Trick aus dem medizinischen Handbuch ausprobiert hat, endlich schwanger ist? Wie steht es um die Gesundheit des Mannes? Hat er chronische Rückenschmerzen?
Die Personen, die Sie sich für Ihre Betrachtungen aussuchen, sind ein Rätsel. Denken Sie über ihre Leistungen nach, über ihre Sorgen, ihre heimlichen Leidenschaften. Bringen Sie ihnen Sympathie entgegen, wer immer sie auch sind. Staunen Sie über sie. Sie haben es in ihrem schwierigen, anspruchsvollen Leben so weit gebracht. Was für eine Leistung! Wie tapfer und mutig!
Gratulieren Sie sich selbst dazu, dass Sie im Zug Ihr Mitgefühl geübt haben. Atmen Sie noch ein paarmal tief durch. Spüren Sie in sich hinein: Wie fühlen Sie sich körperlich und geistig nach dieser Übung?

Ein Tag im Büro

Muntermacher als Koffeinersatz

Koffeinersatz? Ganz ruhig bleiben. Ich verlange von Ihnen nicht, auf Kaffee zu verzichten. Das Zeug schmeckt einfach viel zu gut. Aber ab und zu könnten Sie vielleicht zu einem anderen Muntermacher greifen. Zum Beispiel Dehnübungen.

Sie sitzen seit über einer Stunde am Computer? Dann ist es Zeit für Bewegung. Wenn die Atmosphäre in Ihrem Büro es zulässt, laufen Sie herum. Bringen Sie Ihr Blut in Bewegung. Sie mögen fragen: Bewegt es sich nicht die ganze Zeit? Natürlich tut es das. Doch wenn Sie sich bewegen und strecken und dabei atmen, bringen Sie Ihren Kreislauf in Schwung. (Das ist Ihnen schon aufgefallen, wenn Sie stundenlang fast reglos in einem Flugzeug gesessen haben. Dabei sammelt sich oft Flüssigkeit in Ihren Füßen und Knöcheln, sodass diese schmerzhaft anschwellen.)

Also marschieren Sie flott zum Trinkwasserspender hinüber. Durchqueren Sie die Eingangshalle und wechseln Sie ein paar Worte mit dem Empfangschef. Gehen Sie *zügig* zum Waschraum. Machen Sie dabei einen kurzen Umweg: Wenn Sie Zugang zum Treppenhaus haben, unternehmen Sie eine anregende kleine Wanderung. Steigen Sie zwei Treppen hinauf oder hinunter – auch das in flottem Tempo –, und kehren Sie dann auf ihre Etage zurück.

Beim Gehen (oder Treppensteigen) dehnen Sie die Wirbelsäule, lassen die Schultern locker und atmen. Lassen Sie die Hüften locker und weit werden. Versuchen Sie zu gehen, ohne Gesäß oder Bauch anzuspannen. Bewegen Sie die Beine locker und ganz entspannt. Achten Sie besonders auf Ihre Arme. Wenn Sie am Computer gearbeitet haben,

sind vielleicht die Armmuskeln verspannt. Lassen Sie die Arme locker hinabhängen. Entspannen Sie Handgelenke, Finger und Hände. Atmen Sie dabei weiter.
Sie fühlen sich an Ihren Schreibtisch gefesselt? Sie können nicht weg? Dann stehen Sie wenigstens auf. Strecken Sie die Arme über den Kopf. Greifen Sie zuerst mit einem Arm noch ein bisschen höher, als würden Sie hinauflangen, um Trauben von einem Weinstock unter der Decke zu pflücken. Spüren Sie, wie die Rippen auf dieser Seite gedehnt werden. Dann recken Sie den anderen Arm nach oben. Spüren Sie auch auf dieser Seite die Dehnung der Rippen. Wenn Sie einen engen Gürtel tragen, lockern Sie ihn vor dieser Übung. Strecken Sie nun beide Arme nach oben. Dehnen Sie den ganzen Körper von den Füßen bis hinauf in die Fingerspitzen. Spüren Sie die Dehnung in Bauch und Rücken; Ihr Oberkörper wird ganz weit und verlängert sich nach oben. Genießen Sie dieses Gefühl.
Nun kurbeln Sie Ihr fantastisches Gehirn an. Es ist eine der besten Erfindungen der Natur. Einhundert Milliarden Zellen sind in Aktion und verarbeiten Millionen von Informationen, die über Ihre fünf Sinne hereinströmen. Ob Sie sich an etwas erinnern, das Ihre Mutter gesagt hat, als Sie sieben Jahre alt waren, oder ob Sie ausrechnen, wie viele Liter Farbe man braucht, um die Golden Gate Bridge in San Francisco neu zu streichen, Ihre grauen Zellen laufen auf Hochtouren. Neuronen senden Botschaften, Neurotransmitter überspringen Synapsen.
Für alle diese Vorgänge wird Sauerstoff benötigt, und zwar in großen Mengen. Das Gehirn macht etwa fünf Prozent des Körpergewichts aus, verbraucht jedoch zwanzig Prozent des Sauerstoffs im Körper. Leider hat Ihre Lebensweise oft zur Folge, dass Ihre kostbaren Gehirnzellen nicht genug von diesem tollen Treibstoff bekommen. Vielleicht leben

Sie in einem Stadtgebiet mit hoher Luftverschmutzung; zu Ihrem täglichen Arbeitsweg gehören womöglich lange Staus (noch mehr verschmutzte Luft), und wahrscheinlich atmen Sie auch noch flach.
Kein Wunder, dass Sie müde sind, bevor der Tag halb vorbei ist! Vor der nächsten Dehnübung beachten Sie bitte folgenden Hinweis: Wenn Ihr Blutdruck zu hoch ist und Sie keine Medikamente dagegen einnehmen, lassen Sie die Übung bleiben. Ich mache Ihnen in diesem Buch selten Vorschriften, doch wenn Sie *unbehandelten* Bluthochdruck haben, gehen Sie zum Arzt und lassen Sie ein Behandlungsschema erstellen. Sie haben Diabetes? Auch dann machen Sie diese Übung *nicht.* Sie haben Bluthochdruck, sind jedoch deswegen in Behandlung? Dann dürfen Sie alle Übungen in diesem Kapitel mitmachen.
Die folgende Übung können Sie entweder im Sitzen oder im Stehen absolvieren. Wenn Sie auf einem Stuhl sitzen, achten Sie, bevor Sie loslegen, darauf, dass dieser stabil steht. Ihr Stuhl hat Rollen? Platzieren Sie ihn so, dass die Rückenlehne gegen einen festen Widerstand stößt, zum Beispiel einen Schreibtisch oder Aktenschrank. Nun beugen Sie sich vor, sodass Ihr Oberkörper auf den Oberschenkeln liegt und die Arme parallel zu den Füßen hinabhängen. Lassen Sie den Kopf hängen. Beginnen Sie, tief durchzuatmen.
Lassen Sie alle Rückenmuskeln locker. Lassen Sie Schultern und Nacken ganz weich werden. Spüren Sie mit jedem Ausatmen die Spannung aus Ihrem Rücken entweichen. Lassen Sie sich vom Gewicht Ihres Kopfes noch etwas tiefer nach unten ziehen. Achten Sie darauf, was mit den Muskeln rings um Mund und Augen passiert. Lassen Sie sie locker. Entspannen Sie den Kiefer. Bleiben Sie fünf tiefe Atemzüge lang in dieser Haltung.

Das Schöne an dieser Pose ist, dass Ihr Gehirn dabei verstärkt mit Blut versorgt wird. (Deswegen raten Ärzte oder Schwestern Ihnen, sich vorzubeugen, wenn Ihnen nach einer Spritze in den Arm flau ist.) Und Sie wissen ja jetzt, dass mehr Blut auch mehr Sauerstoff bedeutet. Mehr Blut im Kopf bedeutet auch, dass mehr Glukose zu Ihren Gehirnzellen transportiert wird. Mehr Sauerstoff und mehr Glukose stärken das Gehirn und machen es leistungsfähiger, kreativer und cleverer.

Ein weiterer Vorteil dieser Haltung ist, dass Sie dadurch das Leben, Ihren Job, Ihren Vorgesetzten und die anstehenden Aufgaben aus einer ganz neuen Perspektive betrachten. Die Dinge auf dem Kopf stehen zu sehen kann sehr spannend sein. Plötzlich finden Sie die Lösung für ein uraltes Problem. Mit einem Mal geht Ihnen ein Kollege weniger auf die Nerven, ist eine Aufgabe nicht mehr so schwer.

Sie haben ein eigenes Büro? Ihre Bürokollegen sind zum Mittagessen gegangen, oder Sie können eine Bibliothek, einen Konferenz- oder einen Ruheraum aufsuchen, wo Sie unbeobachtet sind? Dann versuchen Sie, die beschriebene Übung im Stehen zu machen. Stellen Sie sich mit dem Rücken zu einer Wand, die Beine leicht gegrätscht, die Knie etwas gebeugt. Rollen Sie nun langsam den Oberkörper ab. Beginnen Sie mit dem Kopf. Legen Sie das Kinn auf die Brust, nehmen Sie dann die Schultern nach vorn, und beugen Sie sich schließlich in der Taille vor.

Dabei geht es nicht darum, möglichst weit zu kommen. Bitte versuchen Sie *nicht,* an die Zehen heranzukommen. Lassen Sie einfach den Oberkörper hängen und entspannen Sie sich. Lassen Sie sich von der Schwerkraft sanft weiter nach unten ziehen. Atmen Sie dabei tief durch. Lassen Sie Schultern und Arme locker. Schlenkern Sie ganz leicht mit den Armen. Lassen Sie die Augen offen, aber ohne etwas Bestimmtes zu fixieren. (Wenn Sie die Augen schließen, könnte ihnen schwindlig werden.) Atmen Sie weiter.

Denken Sie daran, Ihre auf den Kopf gestellte Weltsicht zu *genießen*. Bleiben Sie drei bis fünf tiefe, gleichmäßige Atemzüge lang in dieser Haltung. Richten Sie sich ganz langsam wieder auf, und kehren Sie erholt und ruhig an Ihren Computer zurück.

Gesichtsmassage in der Warteschleife

Sie haben das Gefühl, schon ewig in der Warteschleife zu hängen. Die Musik vom Band macht Sie wahnsinnig. Sie beginnen zu glauben, dass die muntere Stimme, die sagt »Wir freuen uns über ihren Anruf«, einem chronischen Lügner gehört. Wie wäre es statt mit Zähneknirschen mit einer einfachen und entspannenden Gesichtsmassage? Ganz unauffällig – Ihre Bürokollegen werden wahrscheinlich nichts davon merken. Wenn doch, fragen sie vielleicht nach Tipps, wie man so etwas macht.
Achten Sie zunächst darauf, wie Sie das Telefon halten. Balancieren Sie es zwischen hochgezogener Schulter und verdrehtem Hals? Wenn ja, drehen Sie bitte Ihren Hals gerade und halten Sie den Hörer ein Stückchen vom Ohr weg. Keine Angst, Sie werden Ihren Gesprächspartner schon hören, wenn er endlich dran ist. Nehmen Sie das Telefon in die Hand, die Sie seltener benutzen. Die Anleitung ist für Rechtshänder formuliert, also beginnen Sie mit dem Telefon in der Linken. Für Linkshänder gilt alles umgekehrt.
Treffen Sie nun einige Vorkehrungen, damit Sie das Telefon lockerer halten können. Sie sind kein Bergsteiger, der an einem Kletterhaken in der Felswand hängt, es ist also nicht nötig, sich am Telefon festzuklammern, als hinge Ihr Leben daran. Machen Sie Lockerungsübungen mit den Fingern. Beugen und strecken Sie leicht die Finger am Rand des Hörers und wackeln Sie mit dem kleinen Finger in der Luft herum. Lockern Sie das Handgelenk, indem Sie es leicht hin und her drehen. Atmen Sie dabei tief durch.
Wie wir gesehen haben, verlaufen die Muskeln, mit denen

man das Handgelenk beugt und streckt, durch den Unterarm und sind am Oberarmknochen befestigt. Ihre Finger und Ihr Handgelenk sind völlig verkrampft? Dann sind auch Ihr ganzer Arm, die Schulter und der Hals hart wie das sprichwörtliche Brett. Um sich das Festhalten des Telefons noch mehr zu erleichtern, können Sie den linken Ellbogen auf den Schreibtisch stützen und den Unterarm senkrecht aufstellen, sodass Sie den Hörer dicht neben dem Ohr haben. Sie können den linken Ellbogen auch gegen Ihren Oberkörper lehnen, um das Gewicht des Telefons abzustützen.

Kontrollieren Sie Ihre Wirbelsäule. Halten Sie sie während dieser Übung schön gestreckt. Nun stellen Sie sich vor, Ihr Gesicht wäre in der Mitte in zwei Hälften geteilt. Beginnen Sie, mit der rechten Hand die rechte Seite zu massieren. Nehmen Sie dazu Zeige- und Mittelfinger, die Sie aneinander legen und leicht gestreckt halten. Beginnen Sie, mit den weichen Innenseiten der Fingerspitzen die Stirn zu massieren. Legen Sie die Fingerspitzen zwischen die Augenbrauen und üben Sie einen sanften Druck aus. Dann streichen Sie mit den Fingern in einer einzigen langsamen Bewegung hinauf zum Haaransatz. Dort lösen Sie die Fingerspitzen und bringen sie zu dem Punkt zwischen den Brauen zurück. Streichen Sie erneut mit leichtem Druck die Haut aus. Wiederholen Sie dies mehrmals.

Achten Sie darauf, dass Sie schön tief atmen. Kontrollieren Sie auch Ihre Schultern und Arme und den Hals. Lassen Sie alles locker. Spüren Sie in die Muskeln in anderen Gesichtspartien hinein, vor allem rings um Augen und Mund. Entspannen Sie sie ebenfalls.

Setzen Sie die Massage fort. Während Sie die Finger auf den Haaransatz zubewegen, stellen Sie sich vor, Sie würden alle Sorgenfalten auf Ihrer Stirn glatt streichen. Ihre

Stirn wird spiegelglatt wie ein Gebirgssee an einem ruhigen Tag. Als Nächstes führen Sie die Finger zu Ihrer rechten Schläfe, der Stelle zwischen dem Augenwinkel und dem Haaransatz vor dem Ohr. Beginnen Sie mit leichten kreisenden Bewegungen von Hand und Fingern. Lösen Sie die Finger nicht von der Haut; durch die Bewegung der Hand entsteht so eine sanfte Massage.

Wandern Sie nun zu den Wangen hinunter. Halten Sie weiterhin zwei, drei Finger auf der Haut und führen Sie die kleinen kreisenden Bewegungen der Hand fort. Dann heben Sie die Finger an und legen sie woanders auf die Haut. Suchen Sie die besonders angespannten Gesichtspartien. Probieren Sie diese Massage an verschiedenen Punkten aus, zum Beispiel neben der Nase, außerhalb des Wangenknochens oder um den Mundwinkel herum.

Kontrollieren Sie zwischendurch, was Ihr linker Ellbogen macht. Bewegen Sie ihn leicht, um festzustellen, ob er angespannt oder verkrampft ist. Was macht Ihre linke Hand? Hält sie den Hörer wieder krampfhaft fest? Lockern und entspannen Sie die Finger.

Konzentrieren Sie sich nun auf Ihre Kaumuskeln. Sie gehören zu den stärksten Muskeln im ganzen Körper – das müssen sie auch, um mit T-Bone-Steaks, rohen Karotten und Maiskolben fertig zu werden. Außerdem sind sie Blitzableiter für Spannungen. Helfen Sie, sie zu lockern, indem Sie entlang des Kiefers massieren. Beginnen Sie genau unter dem Ohr. Massieren Sie mit kreisenden Bewegungen verschiedene Punkte an der Außenseite des Unterkiefers. Lassen Sie den Mund dabei leicht geöffnet. Das Kinn sollte so locker sein, dass es sich leicht mitbewegt.

Wenn Ihre Telefonverbindung hergestellt wird, bevor Sie Ihre Massage beendet haben, werden Sie vielleicht sogar enttäuscht sein, dass Sie nicht länger in der Warteschleife

gehalten wurden! Beenden Sie Ihre Gesichtsmassage entweder nach dem Telefonat oder während der nächsten Warteschleife. Um die Massage abzuschließen, behandeln Sie die andere Gesichtshälfte. Dafür müssen Sie natürlich den Hörer in die andere Hand nehmen.
Seien Sie bei der Massage Ihrer anderen Gesichtshälfte etwas experimentierfreudiger. Probieren Sie verschiedene Streichtechniken aus. Versuchen Sie zum Beispiel sanftes Klopfen, oder massieren Sie Ihre Wange mit der Handfläche. Vielleicht konzentrieren Sie sich auch mehr auf den Kiefer, weniger auf die Stirn. Oder umgekehrt. Probieren Sie aus, was Ihr Gesicht braucht.
Vergessen Sie nicht zu atmen. Genießen Sie Ihre kleine Pause.

Tanz der Augäpfel

Ob Sie den ganzen Tag vor dem Computer hocken oder ein Buchmanuskript überarbeiten, jede genaue, detailorientierte Arbeit strengt die Augen an. Zu Zeiten der Höhlenmenschen war eine wichtige Funktion der Augen, etwas zu essen zu finden. Und zu vermeiden, *selbst* zum Essen zu werden. Ob Ihre Vorfahren den Horizont nach Antilopen absuchten, ob sie sich bemühten, einen hungrigen Leoparden zu erspähen, der im Gebüsch lauerte, oder ob sie Wurzeln für eine leckere Suppe sammelten, ihre Blicke schweiften ständig umher. Aus der Nähe in die Ferne, hin und her, aus der Ferne in die Nähe. Jede Menge Bewegung für die Augen.

Beim typischen Büromenschen unserer Zeit ist das anders. Stundenlang ist Ihr Blick auf etwas direkt vor Ihnen gerichtet. Fazit? Die Augenmuskeln werden starr. Sie wussten gar nicht, dass Sie Augenmuskeln haben? Diese kleinen Muskeln schwellen nicht an wie ein angespannter Bizeps, doch sie erfüllen eine äußerst wichtige Funktion. Ohne sie könnten Sie die Schärfe Ihres Blickes nicht verändern. Winzige Muskeln im Inneren des Augapfels steuern die Linse des Auges. Wenn sie sich zusammenziehen, können Sie Texte dicht vor ihrer Nase lesen (zum Beispiel die Wörter auf dieser Seite). Lassen Sie diese Muskeln aber locker, können Sie den Van-Gogh-Druck an der Wand gegenüber betrachten. Auch außen an den Augäpfeln befinden sich winzige Muskeln. Mit diesen bewegen Sie die Augen in verschiedene Richtungen.

Das Problem ist: Nach langer, ununterbrochener Einstellung auf den Nahbereich ist es schwierig, die Augenmuskeln zu entspannen. Hinzu kommt, dass jeder Muskel, der über längere Zeit angespannt wird, ermüdet. Seltsam. Wenn Sie acht Stunden am Stück Kanu fahren sollten, würden Sie *erwarten,* dass Sie Rückenschmerzen bekommen, und Ihre bewährten Heilmittel parat halten. Vielleicht eine Kombination aus Dehnübungen, einem heißen Bad und Ausruhen. Und doch glauben Sie, Ihre Augäpfel könnten den ganzen Tag am Bildschirm kleben, ohne darunter zu leiden.

Zum Glück gibt es ein Erfrischungstonikum für müde Augenmuskeln: eine unauffällige Mini-Pause. Beginnen Sie mit ein paar langen, tiefen Atemzügen. Lassen Sie Kiefer und Hals locker. Nun richten Sie den Blick auf einen entfernten Gegenstand, aber so, dass Sie ihn leicht verschwommen sehen (Brillenträger müssen hier ein wenig herumexperimentieren. Sind Sie weitsichtig? Dann möchten Sie vielleicht die Brille abnehmen. Leute mit Bifokalgläsern wollen die Brille vielleicht lieber aufbehalten. Tun Sie, was das Angenehmste für Sie ist.)

Wenn ein Fenster in der Nähe ist, schauen Sie hinaus. Freuen Sie sich am Vorbeiziehen der Wolken, der Form von Baumstämmen, der Bewegung der Blätter im Wind, den vielen verschiedenen Farben des Grases. Geht das Fenster auf einen Parkplatz oder eine Straße hinaus, macht das auch nichts. Lassen Sie Ihre Blicke entspannt über die Autos schweifen und verfolgen Sie, was die Vorübergehenden tun. Sehen Sie den schwarzen Labrador, der die Fahrt auf der Heckfläche eines Kleinlasters genießt. Schauen Sie zu, wie eine Ampel im Wind schaukelt. Sehen Sie einen Vogel vorbeischwirren.

Machen Sie sich bewusst, *wie* Sie die Menschen und Dinge in Ihrer Umgebung betrachten. Wenn Sie normalerweise angespannt sind und auch diese Übung angespannt machen, wird dies Ihren Augen keine Erleichterung verschaffen. Achten Sie auf Ihre Stimmung, während Sie den Augenmuskeln sagen, was sie tun sollen. Fordern Sie das Auge herrisch auf, die Wolken zu betrachten, wie ein General, der Befehle blafft? Denken Sie dabei die ganze Zeit, »Bringen wir das hier so schnell wie möglich hinter uns, damit ich mich wieder den wichtigen Dingen widmen kann«?

Wenn ja, versuchen Sie es einmal anders. Geben Sie Ihren Augen sanftere Anweisungen. Wenn Sie in der Gegend herumschauen, lassen Sie Ihren Blick weniger scharf sein, betrachten Sie die Dinge eher beiläufig. Schauen Sie das Gras an, nicht um einen Marienkäfer an einem Halm hochklettern zu sehen, sondern um ganz allgemein das Muster aus Licht und Schatten wahrzunehmen. Sie sind nicht nahe genug an einem Fenster, um hinauszuschauen? Dann lassen Sie den Blick leicht über die waagerechten und senkrechten Linien der Fensterrahmen wandern. Schauen Sie, was auf der Fensterbank liegt.

Es gibt keine Fenster? Schauen Sie sich im Raum um. Betrachten Sie spielerisch alle Gegenstände, auf die Ihr Auge fällt. Eine Topfpflanze auf dem Schreibtisch einer Kollegin? Lassen Sie Ihre Augen die Formen und Farben erkennen. Denken Sie daran, dabei den Blick leicht unscharf zu lassen. Nehmen Sie einen Pullover über der Rückenlehne eines Stuhls wahr, aber so, dass die Umrisse kaum mehr sind als ein abstraktes Muster. Sehen Sie Falten, Beschaffenheit des Materials, Schatten. Denken Sie nicht an den Besitzer des Pullovers. Lassen Sie Ihre Meinung über diese Person außer Acht. Betrachten Sie nur die Wolle, das Muster, den Farbton. Die Farbe gefällt Ihnen nicht? Sie können einen Gegenstand nicht neutral betrachten? Dann schauen Sie einen anderen an.

Blicken Sie nun auf Ihre Knie oder auf den Boden zu Ihren Füßen. Atmen Sie. Lassen Sie die Augen noch lockerer werden. Achten Sie auf ihre Schultern. Wenn Sie sich anspannen, lassen Sie sie locker. Verfolgen Sie mit Ihrem Blick die Schnörkel, Vierecke oder Streifen im Teppich. Dann kehren Sie zu dem vorigen oder einem anderen, entfernteren Gegenstand zurück. Es spielt keine Rolle, *was* Sie betrachten. Was es auch ist, schauen Sie es neugierig, unbestimmt und ohne Anstrengung an. Atmen Sie noch ein paarmal durch. Richten Sie den Blick wieder auf Ihre Knie. Atmen Sie weiter. Wechseln Sie ein paarmal zwischen nah und fern hin und her. Wie bei jeder Übung gilt es auch hier, das rechte Maß zu finden. Vermeiden Sie es, den Blick so schnell hin und her schweifen zu lassen, dass Ihre Augen nun auf eine andere Art überanstrengt werden. Nicht übertreiben.

Ihr Blick ist bei der Arbeit ständig auf Dinge dicht vor Ihnen gerichtet? Dann sollten Sie diese Übung unbedingt häufig durchführen, vielleicht jede Viertelstunde einmal. Das hört sich viel an, aber es dauert ja nur zwanzig bis dreißig Sekunden. Und mit entspannten Augen werden Sie leistungsfähiger. Sie schaffen ein größeres Arbeitspensum und sind am Ende des Tages doch weniger müde.

Ein hübsches Geschenk für die Augen am Schluss dieser Übung: Reiben Sie Ihre Handflächen zehn oder fünfzehn Sekunden lang aneinander. Wenn sie warm geworden sind, legen Sie je eine hohle Hand sanft über die Augen. Spüren Sie, wie die Wärme Ihrer Handflächen die Augen beruhigt. Warum das funktioniert? Sie wissen, dass nach einem Tag Gartenarbeit ein heißes Bad dem Rücken gut tut. Genauso hilft die Wärme Ihrer Handflächen den ermüdeten Augenmuskeln, sich zu entspannen.

Vorsicht: Wenn Sie nach einem anstrengenden Tag im Büro

gern vor dem Fernseher abschalten, denken Sie daran, dass der kontinuierliche, unbewegte Blick auf irgendetwas die Augen belastet! Bewegen Sie also in den Werbepausen die Augen. Schauen Sie ein Bild an der Wand an, einen Kaffeebecher auf dem Tisch, einen Vorhang, der sich im Wind bauscht. Und atmen Sie dabei!

Mittagspause: Dankbarkeit im Gewühl

Ihre Verabredung zum Mittagessen ist geplatzt. Statt mit Ihrem Schatz Händchen zu halten und ihn anzuhimmeln, sind Sie allein und essen im vollsten Bistro der Stadt ein Thunfisch-Sandwich. Der Geräuschpegel gleicht dem bei einem NASA-Raketenstart. Ob es Ihnen klar ist oder nicht, dies ist genau der richtige Moment für etwas Dankbarkeit. Denken Sie zunächst an die komplizierte Produktionskette dieses speziellen – und hoffentlich leckeren – Sandwichs. Lassen Sie Ihre Gedanken um die Frage kreisen: Was für Leute waren entscheidend an der Herstellung dieses Happens beteiligt?

Wer auf Ihrer Liste auftaucht, hängt von Ihrer Fantasie ab. Hier ein paar Beispiele: die Frau, die beim Saatguthersteller die Qualitätskontrolle durchführte. Der Arbeiter, der den Traktor fuhr und das Feld pflügte, auf dem das Getreide gesät wurde. Er bastelte auch am Motor des Traktors herum, um ihn am Laufen zu halten. Der Ingenieur, der das Bewässerungssystem entwarf, das für den Kopfsalat eingesetzt wurde. Der Arbeiter auf dem Feld. Er bückte sich in der sengenden Sonne, um den Salat zu pflücken. Puh! Sich stundenlang zu bücken ist anstrengend.

Senden Sie all diesen Leuten ein wenig Dankbarkeit. In Ihnen regt sich ungläubiger Widerstand? »Dankbar? Keine Spur – nicht, wenn ich von Leuten umgeben bin, die alle an verbalem Durchfall leiden!« Sie fragen sich: »Wie kann ich dankbar sein, wenn jemand gerade die Sportseite seiner Zeitung in meine Suppe tunkt?« Atmen Sie. Lange, tiefe Atemzüge. Bitten Sie den Menschen höflich, die Zeitung

wegzunehmen, und kümmern Sie sich nicht um Ihre Nachbarn. Konzentrieren Sie sich wieder auf sich.
Setzen Sie Ihre Liste fort. Der seekranke Fischer, der bis vier Uhr morgens im kalten, strömenden Regen auf unruhiger See unterwegs war, um diesen wunderbaren Fisch hereinzuholen. Der Fernfahrer. Er sang einen alten Song von Stevie Wonder, als er mit seinem Sattelschlepper quer durch das Land hetzte, um den Kopfsalat zum Markt in Ihrer Stadt zu bringen. Der Tankwart, der den sechsachsigen Sattelschlepper betankte. Der Kellner in dem Lokal, in dem Sie gerade besagtes Sandwich mampfen. Er ist vor kurzem aus Pakistan gekommen und arbeitet von früh bis spät. Erstaunlich, wie viele Leute lange und schwer gearbeitet haben, damit Sie Ihren Mittagsimbiss bekommen. Bedanken Sie sich bei all diesen Menschen.
Stopp! Werfen Sie diese Leute nicht alle in einen Topf, um schnell ein einziges »Danke« loszuwerden, bevor Sie zum nächsten Teil der Übung wechseln. Gehen Sie Ihre Liste langsam und gründlich durch. Stellen Sie sich im Geiste *jeden* dieser Menschen bildlich vor. Danken Sie ihm oder ihr persönlich, und atmen Sie dabei einmal tief ein und aus. Wenn Sie clever sind – und das sind Sie ja –, kann Ihre Liste gut und gern zweihundert Leute umfassen.
Sie machen sich Sorgen, das könnte Sie zu viel Zeit kosten? Sie wünschen sich insgeheim, Ihr Essen in Windeseile hinunterzuschlingen? Erstens können Sie die Liste durchgehen, während Sie Däumchen drehen und auf Ihre Bestellung warten. Und wissen Sie was? Es wird Ihnen die Wartezeit verkürzen. Sie werden nun beschäftigt sein, nicht ungeduldig in den Startlöchern hocken und brummeln: »Was ist denn mit dem Kellner wieder los?«
Zweitens wäre es gar nicht schlecht, wenn Sie ein wenig – nur ein klitzekleines bisschen – langsamer essen würden.

Wenn Sie Ihr Essen hinunterschlingen, sind Sie am Nachmittag garantiert träge wie eine Python, die gerade ein vierzig Pfund schweres Schwein verschluckt hat. Wenn Sie schnell essen, essen Sie mehr. Drosseln Sie Ihr Tempo, und Sie essen weniger. Mehr Nahrung in Ihrem Magen bedeutet mehr Blut, das in Ihren Bauch strömt, also weniger Blut, um Ihr Gehirn zu versorgen. Weniger Köpfchen, um die Kollegen bei der Teamsitzung am Nachmittag zu beeindrucken. Und wenn ich mir die Bemerkung gestatten darf, Sie könnten die Mittagspause auch schlicht angenehmer finden, wenn Sie Ihr Essen nicht einfach hinunterschlingen.

Nehmen Sie sich also Zeit, all den schwer arbeitenden Leuten freundlich zu danken. Sie essen ein überbackenes Käsesandwich mit Speck? Einen Tofu-Curry-Eintopf? Einen Salat mit Jogurt, Gurken und roter Paprika? Erstellen Sie Ihre eigene Übersicht über die faszinierenden, quicklebendigen Menschen, die an Ihrem heutigen Essen mitgearbeitet haben. Vielleicht bemerken Sie, dass Ihnen schon eine Liste von zwanzig Leuten bis zum Ende der Mahlzeit reicht. Dann können Sie die Übung ja morgen beim Mittagessen fortsetzen. Oder jetzt gleich.

Richten Sie Ihre Aufmerksamkeit auf die natürlichen Ressourcen, die Ihr Mahl ermöglicht haben. Die Sonne. Ihre warmen Strahlen ernährten den Kopfsalat. Die gute, alte Sonne. Jahrhundertelang haben die Menschen sie angebetet und ihren regelmäßigen Auf- und Untergang gewürdigt. (Und waren bei den gelegentlichen Sonnenfinsternissen wie versteinert vor Angst.) In letzter Zeit sind die Menschen ein bisschen zu lässig geworden. Wir betrachten die Sonne als etwas Selbstverständliches. Im Trubel eines Lokals mitten in der Stadt – Geschirr klappert, Kellner rufen und eine Kasse klingelt – an die Natur zu denken kann eine Herausforderung sein.

Werfen Sie einen Blick aus dem Fenster. Schauen Sie die Sonnenstrahlen an, die auf die Straße fallen. Die blitzenden Lichter, die vom Chrom einer vorbeifahrenden Limousine reflektieren. Das leuchtende Gelbgrün der Blätter im Gegenlicht. Toll, oder? Ohne diesen glühenden Ball in dreiundneunzig Millionen Kilometern Entfernung von der Erde wäre unser Planet ein kalter, unbewohnbarer Gesteinsklumpen. Ohne Kopfsalat, ohne Brot, ohne Thunfisch. Ohne Menschen. *Nada.*

Wie steht es mit dem Meer, das vor Leben wimmelt, mit den Unmengen von Plankton, das darin herumschwimmt und -zappelt? Diese allgegenwärtigen Kreaturen, manche von der Größe eines Reiskorns, andere mit bloßem Auge nicht zu sehen, manche durchsichtig wie Glas, andere rosa oder blau schillernd, sind feine Leckerbissen für kleine Fischchen. Diese wiederum sind Futter für etwas größere Fische, die ihrerseits von noch größeren Fischen verspeist werden. Und die von noch größeren Fischen. Da kommt auch schon unser Thunfisch, und – happs! Ohne das wimmelnde Plankton hätte Ihr Thunfisch keine Chance gehabt. Senden Sie der Meeresflora und –fauna, die am Entstehen Ihres Mittagessens mitgewirkt hat, Ihre Anerkennung.

Es ist ein Privileg, am Ende der Nahrungskette zu stehen. Freuen Sie sich einen Moment lang daran, bevor Sie wieder ins Büro gehen.

Balanceakt auf der Post

Blitzschnelle Kommunikation via Internet, Fax, Expresslieferungen. Sie sind an flotten Service gewöhnt. Ein Besuch auf dem guten alten Postamt an der Ecke kann nach wie vor zur echten Folter werden. Probieren Sie einen Balanceakt. (Sie tragen hohe Absätze? Dann können Sie diese Übung nicht mitmachen. Blättern Sie zu einem anderen Kapitel weiter, oder ziehen Sie andere Schuhe an.) Stellen Sie alle Pakete auf den Boden. Wenn sich die Schlange vorwärts bewegt, unterbrechen Sie Ihren Balanceakt und schieben die Pakete mit dem Fuß weiter.

Gehen Sie in die Bergpose (siehe Seite 86). Atmen Sie ein paarmal tief durch und beginnen Sie, Wirbelsäule und Rückenmuskeln zu strecken. Schauen Sie mit unbestimmtem Blick geradeaus. Lassen Sie die Gesichtsmuskeln locker. Nehmen Sie sich einen Augenblick Zeit, um sich richtig zu konzentrieren.

So können Sie sich konzentrieren: Erstens, suchen Sie sich einen Punkt etwa dreieinhalb Meter vor Ihnen auf dem Boden oder an der Wand. Lassen Sie Ihren Blick während der ganzen Übung auf diesem Punkt ruhen. Wählen Sie einen Punkt aus, nicht irgendeinen Text auf einem Plakat oder einer Werbung. Zweitens, beginnen Sie, Ihrem Atem zu folgen. Nehmen Sie ganz ruhig wahr, wie Sie ein- und ausatmen. Beobachten Sie Ihren Atemrhythmus völlig neutral. Drittens – auf geht's zu Ihrem Balanceakt.

Stellen Sie zunächst die Füße etwa hüftbreit auseinander. Verlagern Sie Ihr Gewicht *langsam* auf den linken Fuß. (Ich schlage den linken Fuß vor, weil ich annehme, dass Sie Rechtshänder sind. In dem Fall ist Ihr linkes Bein gewöhn-

lich dominant und daher stärker, und es ist einfacher, darauf zu balancieren. Sie sind Linkshänder? Beginnen Sie mit dem rechten Bein. Sie sind Beidhänder? Probieren Sie beide Beine aus!) Ich wiederhole: Verlagern Sie Ihr Gewicht langsam. Wenn Sie zu Beginn dieser Pose zu schnell sind, verlieren Sie garantiert später das Gleichgewicht!
Lassen Sie den anderen Fuß zunächst auf dem Boden. Beginnen Sie, sich von Ihrem linken Knöchel aus nach oben zu strecken. Spüren Sie, wie die Dehnung das Bein hinauf- und in den Rücken wandert. Strecken Sie Vorder- und Rückseite des Oberkörpers. Spüren Sie Ihren Rücken länger werden. Recken Sie sich nach oben wie eine Giraffe in der afrikanischen Steppe, die es auf ein saftiges Akazienblatt abgesehen hat.
Kontrollieren Sie nun Ihre Haltung. Stellen Sie sich vor, ein Senkblei von Ihrem Ohrläppchen bis zu den Füßen hinunterzulassen. Wenn Sie Ihren Körper von der Seite betrachten würden, dann würde das Senkblei mitten durch Schulter, Hüfte und Knie führen und knapp vor dem Knöchel enden. Versuchen Sie, sich Ihrer Pose bewusst zu werden, ohne gleich Ihre schlechte Haltung zu kritisieren. Diese Nörgelei ist eine alte Leier, die Sie am besten ignorieren. (Wahrscheinlich stammt sie von einem allzu kritischen Sportlehrer oder übereifrigen Eltern.)
Lassen Sie nun Ihr ganzes Gewicht auf dem linken Bein ruhen. Dehnen Sie bei der Gewichtsverlagerung weiter die Wirbelsäule nach oben. Achten Sie darauf, dass die linke Hüfte nicht nach außen abknickt. Strecken Sie sich durch den Rücken nach oben, um Ihre Hüften gerade nach vorn gerichtet zu halten. Wenn Sie bereit sind, heben Sie langsam den linken Fuß ein wenig vom Boden ab – höchstens fünf bis sieben Zentimeter. Lassen Sie sich dafür alle Zeit der Welt. Heben Sie den Fuß nur dann, wenn Sie das Gefühl

haben, auf dem anderen Bein felsenfest zu stehen. Beugen Sie leicht das Knie des angehobenen Beins. Atmen Sie dabei weiter. Sie beginnen zu schwanken? Lassen Sie sich schwanken. Wenn nötig, können Sie zwischendurch das gebeugte Bein auf dem Boden absetzen, um das Gleichgewicht wiederzufinden. Dann balancieren Sie weiter.

Üben Sie, Abstand zu dem Treiben und den äußeren Dingen um Sie herum zu gewinnen. Der Angestellte an Schalter drei scheint besonders langsam zu sein? Kommentieren Sie dies im Geiste neutral, zum Beispiel mit »Oh, ein langsamer Angestellter«. Richten Sie Ihre Aufmerksamkeit sofort wieder auf das, worauf es ankommt: die Dehnung in Beinen und Rücken. Die Frau vor Ihnen brummelt etwas von schlechtem Service? Nehmen Sie ihren Unmut zur Kenntnis. Haben Sie sogar Mitgefühl wegen ihres Ärgers, dann wenden Sie Ihre Aufmerksamkeit von ihr ab. Es ist fast so, als würden Sie die Dinge ringsumher aus dem Augenwinkel betrachten, als würden sie am Rande Ihres Blickfelds liegen. Sie sind da, doch sie sind im Moment völlig unwichtig für Sie.

Wenn Sie das zum ersten Mal üben, verlieren Sie vielleicht die Geduld. »Warum mache ich das eigentlich?« Ja, warum machen Sie das? Bestimmt nicht, um balancieren zu lernen. Sie wollen ja kein Seiltänzer oder Zirkuskünstler werden. Sie machen es, weil Balancieren eine Kunst ist, die Ihre Aufmerksamkeit bündelt. Der Trick beim Balancieren ist die Konzentration. Es gehört auch eine gewisse Kontrolle der Muskeln dazu, körperliche Geschicklichkeit. Doch das Wichtigste ist Konzentration. Das Ticket zum Erfolg ist eine Art Laserstrahl, den Meditierende »ungeteilte Aufmerksamkeit« nennen.

Ihre Gedanken weilen im fernen Timbuktu? Dann wird Ihr Balanceakt zum Stolperakt. (Zum Glück liegt der Boden nur fünf Zentimeter unter Ihrem erhobenen Fuß.) Ihr Gehirn springt ab, um dem Postangestellten zuzuhören? Schon beginnen Sie zu taumeln. Als Balanceneuling werden Sie lästige Gedanken überfluten. Vielleicht werden Sie Ihre ersten Fehlversuche einem genetischen Defekt zuschreiben: »In meiner Familie konnte noch nie jemand auf einem Bein stehen.« Oder einem persönlichen Mangel: »Mein Gleichgewichtssinn ist grauenhaft.«

Natürlich können Sie nicht auf Anhieb balancieren, es sei denn, Sie sind ein Ass in Tai Chi, Yoga oder einer Kampfsportart. Bleiben Sie dran. Üben Sie weiter. Denken Sie daran zu atmen. Konzentrieren Sie Ihre widerspenstigen Gedanken geduldig auf diesen Augenblick. Selbstkritische Zweifel, es nicht zu schaffen, schießen ihnen durch den Kopf? Nehmen Sie sie ruhig wahr, und lassen Sie sie vorbeiziehen.

Beobachten Sie, was passiert, wenn Sie sich voll auf die anstehende Aufgabe konzentrieren. Genau! Sie können sich nicht über die Schlange aufregen, über den Postangestellten, den unzulänglichen Service der Post, die Börse oder Ihre kranke Schwiegermutter. Sie sind zu sehr damit beschäftigt, sich vom Knöchel aufwärts und durch die Rückenmuskeln zu dehnen und den Hals zu strecken. Und dabei die ganze Zeit tief durchzuatmen!

Diese Übung bietet Ihnen die Gelegenheit, den gegenwärtigen Moment zu verändern. Etwas Alltägliches – das Anstehen in einer Schlange – zu einer interessanten Erfahrung zu machen. Glauben Sie mir, jeder kann lernen zu balancieren. Gut, vielleicht schwanken Sie dabei weiterhin ein klein wenig und müssen möglicherweise ein paarmal den Fuß absetzen.

Aber das ist überhaupt nicht schlimm. Im Gegenteil, es ist sogar gut für Füße und Knöchel. Wenn Sie schwanken, bewegen sich alle kleinen Knochen, Muskeln und Sehnen in Fuß und Knöchel. Wozu ist das gut? Die als *Synovia* bezeichnete Gelenkschmiere flutscht um das Knorpelpolster zwischen den Knochen herum; dadurch funktioniert das Gelenk besser.

Sie werden merken, dass Balancieren faszinierend ist (und sich auf der Post nie wieder langweilen). Wenn Sie es beherrschen, verfügen Sie über einen weiteren Pfeil im Köcher Ihrer körperlichen Fähigkeiten. Und was noch viel besser ist: Diese – zugegeben etwas banale – Übung überträgt sich auf Ihr emotionales und mentales Gleichgewicht. Sie sind nicht mehr so labil. Man braucht Sie nicht mehr nur anzutippen, damit Sie umfallen. Der lahme Kunde am Schalter ist ein gutes Beispiel. Noch vor einem Augenblick hat er Sie zum Wahnsinn gebracht, weil er das Motiv auf jeder erhältlichen Briefmarke so genau studiert hat wie ein Kunsthistoriker einen neu entdeckten Rembrandt. Jetzt ist Ihnen das egal.

Sie brauchen eine Vorstellung von einem erfolgreichen Gleichgewichtskünstler? Stellen Sie sich einen eleganten Graureiher vor, der auf einem Bein im flachen Wasser eines Teichs steht und darauf wartet, dass sein Futter vorbeischwimmt. Hellwach. Absolut reglos.

Sind Sie Atlas?
Eine Pause für Schultern und Rücken

Sie tragen die ganze Welt auf Ihren Schultern? Nun aber mal halblang. Sie sind nicht Atlas und schlicht nicht dafür gemacht, alle Probleme dieser Welt – oder Ihres Büros – mit sich herumzuschleppen. Es ist Zeit, Ihnen, Ihren Schultern und Ihrem Rücken eine entspannende Dehnübung zu gönnen.

Diese Übungen werden im Sitzen durchgeführt. Ihr Stuhl läuft auf Rollen? Stabilisieren Sie ihn, indem Sie ihn gegen eine Wand oder einen Schrank schieben. Bringen Sie Ihr Gesäß ein wenig von der Rückenlehne nach vorn, etwa zehn, zwölf Zentimeter. Machen Sie ein paar lange, tiefe Atemzüge. Beginnen Sie, die Wirbelsäule *sanft* zu beugen und zu strecken. Sacken Sie auf dem Stuhl in sich zusammen; machen Sie dabei Rücken und Lendenwirbelbereich ganz rund. Nutzen Sie das aus. Sonst sage ich immer: »Strecken Sie die Wirbelsäule.« Nun haben Sie Gelegenheit, sich wie ein bockiger Teenager herumzulümmeln.

Aber Vorsicht: Leiden Sie unter starken Rückenschmerzen? Verspüren Sie manchmal einen stechenden Schmerz entlang der Rückseite Ihres Beins oder irgendwelche neurologischen Symptome, zum Beispiel Taubheit oder ein Schwächegefühl in Fuß oder Bein? Dann ziehen Sie bitte einen Arzt zu Rate, bevor Sie *irgendeine* Dehnübung für den Rücken machen.

Das alles trifft auf Sie nicht zu? Dann sacken Sie richtig in sich zusammen, sodass Ihr Brustkorb sich nach innen wölbt und die Schultern ganz rund sind. Lassen Sie den Kopf hängen; das Kinn sinkt auf die Brust. Atmen Sie ein paar-

mal tief durch. Dann beginnen Sie, sich wieder aufzurichten und sich nach oben zu strecken. Versuchen Sie, zuerst den Lendenwirbelbereich zu dehnen, dann erst den mittleren und schließlich den oberen Rücken.
Nun heben Sie den Kopf, sodass ihr Blick auf einen Punkt etwa in halber Höhe der Wand vor Ihnen fällt. Legen Sie den Kopf nicht so weit zurück, dass Sie eine Spannung im Hals spüren. Sie schauen zur Decke? Dann haben Sie das Kinn zu hoch gehoben. Krümmen Sie vorsichtig den oberen Rücken, und nehmen Sie die Schultern wieder leicht zurück. Bitte keine ruckartigen oder gewaltsamen Bewegungen. Die Dehnung soll ganz sanft sein. Atmen Sie.
Diese Dehnübung ist so einfach, dass ihre Gedanken leicht abschweifen werden. Ein Telefon klingelt? Ein Kollege lacht? Sie werden ans Telefon gehen oder den Witz auch hören wollen. Widerstehen Sie der Versuchung. Konzentrieren Sie sich auf die Empfindungen in Ihrem Rücken. Nehmen Sie wahr, wie er sich an manchen Stellen steif, an anderen geschmeidiger anfühlt. Spüren Sie, wie die Wirbel sich bewegen. Verschieben sie sich einzeln oder zu mehreren? Versuchen Sie, nur zu beobachten, ohne zu bewerten. Nehmen Sie einfach die faszinierenden Feinheiten und den komplexen Aufbau Ihrer Wirbelsäule wahr.
Sie sind so sehr daran gewöhnt, die täglichen Aufgaben so schnell wie möglich zu erledigen, dass Sie auch versucht sein werden, diese Übung rasch durchzuführen. Doch denken Sie daran, sie dauert nur zwei oder drei Minuten. Gönnen Sie sich selbst diese langsame Dehnung. Wiederholen Sie die Übungsabfolge mehrmals. Bewegen Sie sich elegant und genießerisch.
Das Gute an dieser Dehnübung ist, dass sie Ihren Bandscheiben eine erholsame Pause verschafft. Warum brauchen sie die? Nehmen wir uns einen Augenblick Zeit, um

den Aufbau der Bandscheiben zu betrachten. Das sind feste, dicke Knorpelscheiben zwischen den Wirbeln. Sie bestehen aus einem harten, elastischen äußeren Ring und einer weichen, gelatineartigen Masse im Kern. Sie benötigen viel Platz – insgesamt etwa ein Viertel der Gesamtlänge der Wirbelsäule. Ihre Funktion ist, die Wirbel voneinander zu trennen, ein Polster für die Wirbelsäule zu bilden und Stöße abzufangen. Ohne sie würden die Knochen aneinander reiben. Dies wäre sehr schmerzhaft und würde quasi zur Bewegungsunfähigkeit führen.

Alle Bewegungen in der Wirbelsäule finden in den Bandscheiben statt. Es ist gesund, die Wirbelsäule in verschiedene Richtungen zu biegen, um die Bandscheiben in Bewegung zu bringen. Wenn Sie sich vorbeugen, wird die Vorderseite der Bandscheiben zusammengedrückt oder -gepresst. Dehnen Sie den Rücken und beugen Sie sich zurück, wird die Rückseite zusammengepresst. Da die meisten von uns gewöhnlich in immer der gleichen Haltung sitzen und stehen, werden die Bandscheiben in der Regel auf einer Seite stärker zusammengedrückt.

Sie haben sicher schon von einem so genannten »Bandscheibenvorfall« gehört. Dies bedeutet nicht, dass eine Bandscheibe zwischen den Wirbeln herausrutscht, wie manche Leute glauben. Bandscheiben sind keine Poker-Chips, die auf den Boden fallen können. Die Knorpelmasse der Bandscheiben ist fest mit den Wirbeln verbunden. Die Bandscheiben können jedoch deformiert werden, und genau hier beginnen die Probleme. Immer wenn die Wirbelsäule zu wenig Bewegung bekommt oder die Bandscheiben ständig an der gleichen Stelle zusammengepresst werden, kann der weiche Kern den äußeren Ring ausbeulen oder durchbrechen und dabei manchmal schmerzhaften Druck auf das umliegende Gewebe ausüben.

Das beste Mittel, um Wirbel und Bandscheiben fit zu halten, ist Bewegung – regelmäßig und ohne Gewalt. Daher ist es gut, die Abfolge von Beugen und Strecken mehrmals täglich zu wiederholen. Ihre Wirbelsäule wird Ihnen sehr dankbar sein!

Fügen Sie nun einige Schulterdehnungen hinzu. Ziehen Sie die Schultern bis zu den Ohren hoch, und lassen Sie sie wieder fallen. Beim Hochziehen atmen Sie tief ein, beim Entspannen wieder ganz aus. Das wiederholen Sie zwei- bis dreimal.

Lassen Sie schließlich die Schultern kreisen. Ziehen Sie sie zu den Ohren hoch, führen Sie sie dann mit kreisender Bewegung in Richtung der Wand hinter Ihnen; lassen Sie sie fallen, und führen Sie sie wieder nach vorn. Atmen Sie dabei gleichmäßig. Rauf, zurück, runter und vor. Halten Sie den Kopf gerade, Blick nach vorn, doch lassen Sie den Oberkörper der kreisenden Bewegung folgen. (Ihr Rücken wird sich bei dieser Übung abwechselnd leicht runden und überstrecken.) Bewegen Sie sich geschmeidig und fließend. Achten Sie darauf, dass Sie Hals oder Kiefer nicht anspannen. Lassen Sie diese Partien locker. Nun führen Sie das Schulterkreisen in umgekehrter Richtung aus. Nutzen Sie diese Gelegenheit, um festzustellen, wie groß Ihr Bewegungsspielraum ist. Beschreiben Sie mit den Schultern so große, weite Kreise wie möglich. Und – natürlich – atmen Sie dabei. In jeder Richtung mehrmals wiederholen.

Gönnen Sie Schultern und Wirbelsäule diese Dehnübungen immer dann, wenn Sie auf einem Stuhl festsitzen: im Stau. Im Wartezimmer beim Arzt. Im Zug. Oder zu Hause. Gehören Sie zu denjenigen, die nach einem harten Tag im Büro gern vor dem Fernseher entspannen? Wenn das Programm zu langweilig wird, peppen Sie es mit dieser einfachen Übungsfolge auf.

Vor dem Termin beim Chef: Verwurzeln Sie sich

Ihre Vorgesetzte ruft Sie über die interne Leitung an. Sie will Sie in fünf Minuten sehen, und sie klingt nicht gerade fröhlich. Sie wissen nicht, worum es geht, und fühlen Panik in sich aufsteigen. Zeit, sich fest zu verwurzeln.

Gehen Sie in die ägyptische Pose. Beginnen Sie, tief durchzuatmen. Stellen Sie beide Füße auf den Boden, und dehnen Sie die Wirbelsäule sanft nach oben. Lassen Sie Schultern, Hals und Gesicht locker. Machen Sie zwei, drei tiefe Atemzüge.

Spüren Sie in Ihre Füße hinein. Fühlen Sie sie in Ihren Schuhen. Wenn Ihre Schuhe nicht zu eng sind, wackeln Sie mit den Zehen. (Wenn Sie enge Pumps tragen, aus denen Sie rasch hinausschlüpfen können, tun Sie das.) Spüren Sie, wie Ihre Zehen sich in den Socken oder Kniestrümpfen bewegen. Pressen Sie nun beide Füße gleich fest auf den Boden. Nehmen Sie die feste Verbindung Ihrer Zehen, Ballen und Fersen mit dem Teppich, den Fliesen oder dem Holzboden unter Ihnen wahr.

Als Nächstes stellen Sie sich vor, von Ihren Fußsohlen würden Wurzeln nach unten wachsen. Fühlen Sie Ihre Wurzeln durch den Boden dringen. Ob Ihr Büro im vierunddreißigsten oder im zweiten Stock liegt, Ihre Fantasiewurzeln graben sich durch aus Italien importierten Marmor, Beton und Stahlträger. Tiefer und tiefer durch alle Etagen. Vorbei an Buchhaltung und Personalabteilung, vorbei an den Wandgemälden im Foyer im Erdgeschoss, vorbei an den Lastenaufzügen. Dann tauchen die Wurzeln in den fruchtbaren Boden unter dem Gebäude ein.

Stellen Sie sich bildlich vor, wie Ihre Wurzeln in die Tiefe wachsen, sich verzweigen und unter die angrenzenden Parkplätze vordringen. Sie schieben sich unter Lieferwagen, belebte Bürgersteige und Orangenpyramiden, die beim Feinkostladen an der Ecke aufgestapelt sind.

Während Ihre Wurzeln sich unterirdisch ausbreiten und wachsen, beginnen Sie, sich stabiler zu fühlen. Geerdet. Atmen Sie weiter. Lange, tiefe Atemzüge. Dehnen Sie die Wirbelsäule weiter sanft nach oben, entspannen Sie dabei Hals-, Kiefer- und Gesichtsmuskeln.

Eine Wurzel ist stark – und zäh. Ein Hindernis auf ihrem Weg? Die Wurzel wächst um alles herum. Sie findet die Risse in Betonfundamenten und windet sich an Felsbrocken vorbei oder spaltet sie sogar, wenn es sein muss. Stellen Sie sich vor, wie Ihre eigenen Wurzeln sämtliche Hindernisse gelassen überwinden.

Ein ausgewachsener Baum ist erstaunlich standfest. Wenn der Wind mit einhundert Stundenkilometern durch die Äste einer riesigen Eiche fegt, bleibt diese doch fest verwurzelt; die Wurzeln bewegen sich höchstens ein wenig im Boden. Machen Sie sich bewusst, wie stark Ihre eigenen Wurzeln sind. Egal, was Ihre Vorgesetzte heute sagen wird, es wird Sie nicht umhauen. Sehen Sie sich selbst bei diesem Gespräch. Sie sind ruhig und gelassen. Sie atmen tief durch und stehen Ihren Mann (oder Ihre Frau).

Achten Sie nun wieder auf die Empfindungen in Ihren Füßen. Spüren Sie Spann, Ballen und Zehen. Krümmen Sie die Zehen. Wenn Sie nur Socken oder Strümpfe tragen, krümmen und spreizen Sie abwechselnd die Zehen. Wiederholen Sie dies mehrmals. Nehmen Sie dann wieder wahr, wie die Füße fest auf dem Boden stehen.

Geben Sie sich selbst vor dem Termin ein Versprechen: Wenn Ihre Vorgesetzte Sie kritisiert, werden Sie sich die positive Rückmeldung selbst geben, die Sie von ihr nicht bekommen. Sie werden sich ein paarmal auf die Schulter klopfen für all die Dinge, die Sie richtig gemacht haben.

Wurzeln sind flexibel. Ihre Wege lassen sich nie vorhersagen. Unterirdische Wurzeln wachsen gerade, im Zickzack, wandern in weiten Schleifen, winden sich um Steine herum oder tauchen geradewegs in die Tiefe. Atmen Sie. Auch Sie werden im Gespräch mit Ihrer Chefin flexibel sein. Bereit, an gegebener Stelle fest zu bleiben, aber auch von Ihrem geplanten Weg abzuweichen, wo es nötig ist.

Sagen Sie sich selbst ein paar aufmunternde Worte. Sie haben diesen Job aus bestimmten Gründen bekommen. Sie sind gescheit, kompetent, kreativ. Sie gehen gern mit Menschen um. Sie sind ein Ass am Computer. Sie lieben Mathematik. Was für Talente Sie auch immer haben, sie haben zu Ihrer Einstellung geführt. Diese Talente liegen tief in Ihnen und warten darauf, Sie nach Kräften zu unterstützen.

Und denken Sie daran, auch Ihre Arbeitgeberin ist ein Mensch – mit Eigenheiten, wie wir alle sie haben, und mit vielen guten Seiten. Wie ein verletzliches Herz, das vor sich hin schlägt. Sie hat Freunde, Familie, eine Tochter, einen Neffen, einige besondere Menschen, die sie innig liebt und die sie ebenfalls lieben.

Sie neigen dazu, Ihre Vorgesetzte als »Boss« zu betrachten? Oder haben Sie sogar einen noch drastischeren Namen für sie? »Drachen« oder Schlimmeres? Sie könnten sich einmal überlegen, sie anders zu betiteln, sowohl in Ihren persönlichen Gedanken als auch, wenn Sie sich bei Freunden über sie beschweren. Sie ist Arbeitgeberin, Abteilungsleiterin, Managerin oder Verwaltungsbeamtin. Diese Begriffe helfen Ihnen, sie neutraler zu sehen. Weniger wie Simon Legree, den Sklaventreiber in *Onkel Toms Hütte*. Und wenn sie kein Sklaventreiber ist? Genau, dann sind Sie auch kein Sklave.

Viel Glück bei Ihrem Gespräch. Übrigens, vergessen Sie nicht, Ihre Schuhe wieder anzuziehen!

Ein Vorschlag für zu Hause: Wenn Sie Ihr Gefühl des Verwurzeltseins ganz in Ruhe üben, werden Sie besser vorbereitet sein, wenn es das nächste Mal heiß hergeht. Haben Sie einen Lieblingsbaum? Eine große Kiefer hinter dem Haus? Einen schönen Kirschbaum auf Nachbars Rasen? Eine robuste Linde auf der Straße? Betrachten Sie diesen Baum bei nächster Gelegenheit einmal ganz genau.

Bewundern Sie die erstaunlich widerstandsfähigen, starken Wurzeln. Die Wurzeln eines Baumes reichen ebenso tief in den Boden, wie die Krone sich in den Himmel reckt. Sie wohnen in der Stadt? Dort wird Ihr cleverer Baum Wurzeln haben, denen der Luxus, sich so weit auszudehnen, nicht vergönnt ist. Doch seine Wurzeln sind genauso erstaunlich: Sie durchbohren Asphalt und schlängeln sich an Wasserrohren und Gasleitungen entlang. Machen Sie sich die Leistungen Ihres Baumes bewusst, egal, welchen Sie auswählen. Wie er Zugluft, Schneestürme und Blitzschläge überstanden hat. Öffnen Sie Ihr Herz für ein wenig Ehrfurcht.

Und lassen Sie etwas von dem starken, festen Verwurzeltsein des Baumes Ihr Leben durchdringen.

Ruhe in der Rushhour

[illegible]

[illegible]

[illegible]

Warum so eilig?
Gelassen zur U-Bahn

Geben Sie es zu! Sie haben keinen wichtigen Termin mit dem Vorsitzenden eines Fernsehsenders. Sie treffen sich auch nicht mit einem Filmstar zum Essen. (Selbst wenn, wäre es besser, dort ruhig und erholt anzukommen, nicht verschwitzt und mit rotem Kopf.) Und doch stürzen Sie sich geradezu zur U-Bahn hinunter. Was wäre, wenn Sie ein einziges Mal langsam, ganz langsam durch das Drehkreuz gehen würden? (In Ihrem Land oder Ihrer Stadt gibt es an den U-Bahn-Stationen keine Drehkreuze? Dann ersetzen Sie den Gang durch das Drehkreuz eben durch das Treppensteigen. Aber überspringen Sie das Kapitel nicht!)
Der Trick dabei, im Schneckentempo durch Drehkreuze zu gehen (oder eben die Treppen zum Bahnsteig hinunterzusteigen), ist, sich darauf vorzubereiten. Am Tag, an dem Sie diese Übung machen wollen, gehen Sie fünf oder sechs Minuten früher aus dem Haus. Sie mögen protestieren: »Ich brauche doch keine fünf Minuten, um durch ein Drehkreuz zu gehen!« Sie haben völlig Recht. Doch machen Sie mit, und Sie werden sehen, wofür Sie die zusätzliche Zeit benötigen.
Wenn Sie normalerweise zur U-Bahn rennen, wird es Ihnen nicht leicht fallen, sich im Schneckentempo zu bewegen. Stellen Sie sich eine leuchtend rote Ampel vor, während Sie zur U-Bahn-Station gehen. Verlangsamen Sie Ihre Schritte. Sie können sich auch selbst erinnern: »Ich gehe jetzt ganz gelassen«, »Ich werde jetzt trödeln und mir Zeit lassen«, »Ich gehe jetzt im Kriechtempo.«
Wenn Sie sich dem U-Bahnhof nähern, sehen Sie eine Men-

schenmenge, die schubsend hineindrängt. Bald ist diese Horde hinter Ihnen und vor Ihnen. Rechts und links von Ihnen stürmen Leute in höchster Eile die Treppe ins Zwischengeschoss hinunter. Bleiben Sie bei Ihrem Schneckentempo.

Gut möglich, dass Ihnen jemand einen giftigen Blick zuwirft und brummelt: »Geht's vielleicht ein bisschen schneller?« Atmen Sie tief durch. Gehen Sie in ruhigem *Adagio*-Tempo weiter die Treppe hinunter. Gehen heißt gehen. Lassen Sie sich von den Adrenalinstößen um Sie herum nicht anstecken. Widerstehen Sie der Versuchung zu rennen. Das ist besonders schwierig, wenn Leute an Ihnen vorbeiflitzen. Ignorieren Sie Bemerkungen, Stirnrunzeln, den ansteckenden Einfluss der Hetze. Atmen Sie, und bleiben Sie bei Ihrem Tempo. Zur Not stellen Sie sich vor, Sie hätten ein Gipsbein und gingen an Krücken, müssten sich also aus Sicherheitsgründen im Schneckentempo fortbewegen.

Das können Sie unmöglich schaffen? Während Sie gemächlich die Treppe ins Zwischengeschoss hinunterschlendern, atmen Sie und lenken sich ab. Denken Sie an einige der bedeutendsten Leistungen in Ihrem Leben. Sie haben achtzehn Stunden Wehen überlebt und einen wundervollen Sohn zur Welt gebracht. Sie haben Ihr Bafög-Darlehen zurückgezahlt. Letzten Monat sind Sie vielleicht zum Rollerbladen gegangen, mit einem Bungeeseil um den Bauch von einer Brücke gesprungen oder haben zum ersten Mal seit drei Jahren wieder mit Ihrer Schwiegermutter gesprochen. Erstaunlich, was Sie so alles machen. Also schaffen Sie auch diese leichte Übung.

Gut, nun sind Sie unten an der Treppe angekommen. Atmen Sie. Sie befinden sich kurz vor dem Drehkreuz. Atmen Sie noch einmal tief durch. Behalten Sie Ihr königliches bedächtiges Tempo bei. Nun sind Sie an dem Drehkreuz.

Eine U-Bahn fährt in die Station ein. Erinnern Sie sich an die fünf Extraminuten, die Sie sich an diesem Morgen gönnen? Jetzt ist der richtige Augenblick, diese Zeit zu nutzen. Schlendern Sie gelassen und gemessenen Schrittes weiter. Ja, ich weiß, das ist schwer. All Ihre tief verwurzelten Gewohnheiten sagen: »Los, schnell!« Ja, Sie verpassen diese U-Bahn vielleicht. Ja, vielleicht ist das die letzte U-Bahn bis zum Jahr 2010. Ja, Sie spüren vielleicht den wütenden Atem von jemand anderem im Nacken. Treten Sie einfach zur Seite, und lassen Sie ihn vorbei. Wenn er sich beim Versuch, die U-Bahn noch zu erreichen, den Hals brechen will, ist das sein Problem.
Bleiben Sie am Drehkreuz stehen. Atmen Sie einmal ein und wieder aus. Sie haben das Gefühl, dies sei der längste Atemzug der Welt? Gehen Sie nun durch das Drehkreuz. Sie haben es geschafft! Jetzt dürfen Sie rasch zu der U-Bahn gehen. Seltsamerweise haben Sie dazu aber vielleicht gar keine Lust und möchten lieber weitertrödeln. Gemächlich dahinschlendern und dabei den absurden Anblick der anderen Pendler genießen, die in alle Richtungen hasten.
Üben Sie ein paarmal, so gelassen durch das Drehkreuz zu schlendern, bevor Sie zu folgender Übung für Fortgeschrittene übergehen.
Machen Sie sich bereit, langsam und gelassen durch das Drehkreuz zu gehen. Stellen Sie sich dabei vor, Sie trügen ein unglaublich kostbares, einzigartiges Päckchen im Arm. Dies könnte zum Beispiel ein schlafendes Kind sein, vielleicht Ihr hübscher, wundervoller, vier Monate alter Sohn. Vielleicht auch Martin Luther King oder Ella Fitzgerald als Baby. Oder der kleine Beethoven. Was für ein Verlust für die Welt, wenn Sie Ihre kostbare Fracht fallen ließen!
Oder wie wäre es mit einem Stapel Wedgwood-Teetassen oder einer Tiffanylampe? Die hauchzarten, zerbrechlichen

Tassen sind gefährlich wackelig übereinander gestapelt und klappern geräuschvoll. Eine falsche Bewegung, und sie zerschellen in tausend Scherben. Beeilen Sie sich? Nein. Kümmert es Sie, dass hinter ihnen jemand komische erstickte Laute wie ein wütendes Grunzen von sich gibt? Nein. Es kommt einzig und allein darauf an, gewandt und in aller Ruhe durch das Drehkreuz zu gelangen – ohne Ihre kostbare Fracht zu gefährden.

Sehr schön. Das Leben in der U-Bahn wird nie mehr so sein, wie es vorher war.

Ein Tipp: Wenn Ihnen dies für einen normalen Werktag zu schwierig erscheint, probieren Sie es zuerst an einem Wochenende (oder an einem Ihrer freien Tage). Haben Sie Ihre Fähigkeit zu schlendern perfektioniert, versuchen Sie es einmal im Chaos der Rushhour.

Handymanie:
Gehen Sie auf Distanz

»Hallo, hier ist Michael.«
»Ich bin bei Sarah und Rudi.«
»Ich habe Tina angerufen. Weißt du, was sie gesagt hat? Er gefällt ihr!« *Deutlich lauter:* »Sie findet ihn klasse. Ich hätte nie ...«

Die endlose Litanei von Banalitäten dröhnt Ihnen ins Bewusstsein und macht es Ihnen unmöglich, zu lesen oder nachzudenken. Seit sie vor ein paar Jahren auf den Markt kamen, scheinen Handys allgegenwärtig zu sein. Und das wird auch so bleiben – die Dinger sind einfach zu praktisch. Keiner wird auf sein Handy verzichten wollen.
Wie können Sie also etwas Ruhe finden, während Sie unfreiwillig zum Ohrenzeugen von Peters Gequassel mit Anne werden? Beginnen Sie wie üblich – mit langen, tiefen Atemzügen. In verschiedenen Abschnitten dieses Buches haben Sie den Satz »Machen Sie lange, tiefe Atemzüge« mittlerweile oft gelesen. Vielleicht überfliegen Sie ihn nun schon und eilen zum nächsten Satz. Stopp! Machen Sie diese Atemzüge, atmen Sie schön tief ein und aus.
Nun üben wir, uns von dem gerade akuten Ärgernis zu distanzieren. Dafür gibt es verschiedene Möglichkeiten. Erstens, machen Sie sich bewusst, wie Sie den Störenfried beurteilen. Ja, seine Unterhaltung scheint fürchterlich banal zu sein. Halten Sie einen Moment inne. Ein wie großer Prozentsatz Ihrer eigenen Gespräche würde von Dritten wohl ebenfalls als banal bezeichnet werden? »Puh, ist das schwül heute!«, »Sollen wir was beim Chinesen oder beim

Thailänder bestellen?«, »Hast du die Nasenringe gesehen?« Die meiste Zeit diskutieren wir nicht über Proust oder den Zustand der russischen Wirtschaft.

Oft ist das, was dem einen banal erscheint, für den anderen von höchster Wichtigkeit. Vielleicht war die Tina, von der Sie den Handybenutzer sprechen hörten, von einem neuen elektrischen Rollstuhl begeistert. Das dürfte wohl kaum unbedeutend für sie gewesen sein. Und Sie selbst finden es vielleicht auch nicht egal, ob Sie chinesisch oder thailändisch essen, vor allem, wenn Sie allergisch auf Natriumglutamat reagieren.

Ist außerdem der Austausch von Nebensächlichkeiten, den wir auch den Austausch unbedeutender Höflichkeiten nennen könnten, nicht unverzichtbar für unsere Gesellschaft? Ist es nicht der Kitt, der uns miteinander verbindet? Diese oberflächlichen Unterhaltungen sind beruhigend und geben uns ein Gefühl der Sicherheit. Sie erinnern uns daran, dass wir alle Menschen sind, die im selben Boot sitzen. Was würden wir ohne das Geplauder über das Wetter tun? Ohne das verbindende »Schöner Tag heute, oder?«.

Vielleicht ähnelt der nahezu endlose Refrain des menschlichen Geplauders ein wenig der gegenseitigen Fellpflege der Affen. Tierverhaltensforscher behaupten schon lange, dass der häufige Körperkontakt, die Hand, die durch das Fell streicht, die körperliche Nähe beim Lausen in einer Affenpopulation für Ausgeglichenheit sorgt. Der soziale Zusammenhalt wird dadurch gefördert.

Sie mögen einwenden: »Egal, ob banales Geplauder gut für die Gesellschaft ist oder nicht, mir schadet es jedenfalls, wenn es nur einen halben Meter entfernt stattfindet und lautstark in meine Privatsphäre eindringt.« Treffendes Argument. Atmen Sie und konzentrieren Sie sich darauf, sich von dieser speziellen Handystörung zu distanzieren.

Eine weitere Technik, die hilfreich sein kann: Anstatt sich wie besessen auf den Störfaktor zu konzentrieren, richten Sie Ihre Aufmerksamkeit auf andere interessante Dinge um Sie herum. Sie fahren mit dem Bus oder dem Zug? Schauen Sie, was draußen vor dem Fenster vorüberzieht. Sehen Sie, wie das Licht durch das Laub der Bäume dringt. Betrachten Sie den Mann, der kunstvoll mit Kreide auf dem Bürgersteig malt. Von Ihrem Aussichtspunkt sieht es aus wie ein interessantes Porträt. Eine Kopie eines Michelangelo?
Achten Sie auf die anderen Geräusche ringsum, die nichts mit Handys zu tun haben. Ein paar kichernde Teenager. Das Rascheln einer Zeitung. Die Stimme des Schaffners.
Versuchen Sie, bei jedem Anblick oder Geräusch zu beobachten, ohne sofort zu bewerten. Nehmen Sie die Dinge einfach wahr. Üben Sie, die Reize in Ihrer Umgebung als *abstraktes* Muster aus Sichtbarem und Hörbarem zu betrachten. Ein ganzer Stoff aus Erfahrungen, an dem nichts besonders auffällt.
Angenommen, Sie fahren an einem Sonntag zu einer Hütte im Wald. Sie sitzen in aller Ruhe auf einem Steg und genießen den Blick auf einen stillen, ruhigen See – einen ohne Motorboote oder Wasserski. Was bemerken Sie? Vielleicht eine dunkle Wand aus Kiefern, die das Ufer säumt. Vielleicht dicke, cremigweiße Wolken am Himmel. Das Spiegelbild von Wolken und Bäumen im Wasser. Die gekräuselte Wasseroberfläche, wenn ein leichter Wind darüberweht. Die blaugraue Farbe des Wassers.
Wenn Sie nicht gerade ein Dichter oder Maler sind, betrachten Sie wahrscheinlich keine einzelne Kiefer besonders genau. In Ihrer entspannten Haltung nehmen Sie die Landschaft hin, ohne irgendetwas zu bewerten. Sie stellen keine Wolke als die schönste heraus. Keine der kleinen Wellen ist besser oder schlechter als die anderen. Der Gesamt-

eindruck schlägt Sie in seinen Bann. Die ganze Szenerie lässt Sie zur Ruhe kommen.
Damit will ich nicht sagen, dass der Bus, der in der Stadt eine mehrspurige Straße hinunterfährt, jemals Ähnlichkeit mit einem kristallklaren See haben wird. Doch Sie können den Entschluss fassen, auch hier das *Ganze* zu sehen. Es neutraler zu betrachten. »Hm. Hier bin ich also und fahre mit einem Bus.« Versuchen Sie, die Dinge mit größerem Abstand zu sehen, beinahe so, als würden Sie durch das falsche Ende eines Fernglases schauen. »Aha. Eine Stimme, die spricht. Ein brummender Motor. Bilder und Geräusche des einundzwanzigsten Jahrhunderts. Und ich beobachte sie.« Atmen Sie dabei weiter.
Sie benutzen selbst ein Handy? Vielleicht halten Sie inne, bevor Sie das nächste Mal jemanden anrufen wollen. »Kann ich damit warten, bis ich aus dem Zug ausgestiegen bin?«, »Störe ich damit vielleicht die anderen?«, »Könnte ich leiser sprechen?« Überlegen Sie einmal, das Handy auszuschalten, wenn andere in der Nähe sind, zum Beispiel in öffentlichen Verkehrsmitteln oder im Restaurant.

Mini-Winterschlaf für zwischendurch

Schwirren Sie durchs Leben wie ein Kolibri? Den ganzen Tag hetzen Sie von einer Pflicht zur anderen. Ohne Pause. Sie essen im Gehen.

Wenn sie auf Hochtouren laufen, schlagen die kleinen Herzen von Kolibris ungefähr sechshundertfünfzehnmal pro Minute. Im Gegensatz zu anderen Vögeln hüpfen oder laufen diese winzigen Geschöpfe nur selten. Woher nehmen sie die Energie, immer in der Luft zu sein? Sie ruhen sich nachts aus. Und zwar richtig. Ihr Stoffwechsel sackt in den Keller. Sie fallen in tiefen Schlaf, und ihre Körpertemperatur sinkt von sechsundvierzig Grad Celsius auf etwa dreizehn Grad.

Das nennt man einen Mini-Winterschlaf. Am nächsten Tag wachen sie erholt auf, bereit, von Prunkwinde zu Prunkwinde zu schwirren. Auch Sie können einen Mini-Winterschlaf halten: jetzt gleich, während Sie im Bus oder in der U-Bahn sitzen. Immerhin üben Sie ja jede Nacht. Wenn Sie abends einschlafen, beginnt auch Ihr Organismus, langsamer zu arbeiten. Die Muskeln entspannen sich, die Körpertemperatur sinkt, Herz- und Pulsfrequenz verlangsamen sich, der Atem wird langsamer. Sogar Ihre Hirnströme senden langsamere Wellen. Kurz vor dem Einschlafen herrschen noch die so genannten Beta-Wellen vor. Dann folgen Alpha-, Theta- und Delta-Wellen, immer langsamere Hirnwellen.

Im Laufe der Nacht erleben Sie verschiedene Schlafphasen, die Ihr Immunsystem stärken und Ihre Muskelkraft erneuern helfen. In gewisser Weise werden Ihre Batterien aufgeladen.

Laden Sie Ihre Batterien gleich hier in dieser U-Bahn oder diesem Bus auf, indem Sie Ihren Kolibri-Stoffwechsel langsamer werden lassen. Gehen Sie in die ägyptische Pose, und beginnen Sie, langsam und tief durchzuatmen. Diese Entspannungsübung können Sie mit offenen oder geschlossenen Augen durchführen. Wenn Sie sie offen lassen, richten Sie den Blick auf nichts Bestimmtes, vor allem nicht auf Leute oder etwas Geschriebenes.
Diese Übung heißt Atemzählen, denn Sie zählen beim Atmen. Sie zählen beim Einatmen bis eins, halten dann den Atem an und zählen von eins bis vier und beim Ausatmen bis zwei. Das wiederholen Sie mehrmals. Achten Sie darauf, was dabei im Körper geschieht. Es passiert leicht, dass man die Schultern hochzieht oder sich in der Brust verspannt, wenn man die Luft anhält. Halten Sie den Atem leicht und behutsam an, und versuchen Sie dabei, Schultern, Hals und Kiefer locker zu lassen. Ihr Oberkörper sollte sich anfühlen, als würde er über den Hüften schweben.
Bis vier den Atem anzuhalten ist Ihnen zu lang? Wenn Sie den Eindruck haben, danach außer Atem zu sein, ändern Sie einfach den Zählrhythmus. Zählen Sie beim Atemanhalten zunächst nur bis zwei. Beim Einatmen bis eins, beim Atemanhalten eins-zwei, beim Ausatmen eins-zwei. Haben Sie dagegen das Gefühl, Sie könnten die Luft länger anhalten, versuchen Sie es mit zwei, acht, vier. Wiederholen Sie dies drei- bis fünfmal, und atmen Sie dann wieder normal. Nach kurzer Pause wiederholen Sie erneut den Eins-vier-zwei-Atem oder Ihre Variante davon.
Sie werden sofort bemerken, wie leicht man vom Zählen abkommt. Rechnen Sie damit, dass Ihre Gedanken abschweifen. »Was gibt es zum Abendessen?«, »Dieser Typ hat fürchterliche Socken an.« Wenn solche ablenkenden Gedanken auftauchen, nehmen Sie sie wahr und lenken Sie

Ihre Aufmerksamkeit dann behutsam wieder auf das Zählen. Auch selbstkritische Gedanken werden Ihnen durch den Kopf schießen: »Ich kann das nicht«, »Das bedeutet ja noch mehr Stress, nicht weniger.«

Das alles ist ganz normal. Sie sind kein schwieriger oder hoffnungsloser Fall. Ihre Gedanken lassen sich ebenso wenig bändigen wie die aller anderen Menschen. Sie gleichen einem umtriebigen Welpen, der jede einzelne Ritze im Straßenpflaster untersucht. Sie müssen lediglich üben, Ihren Welpen wieder sanft an Ihre Seite zu locken.

Eine Möglichkeit, um Ihre Gedanken zu zügeln: Spüren Sie bewusst immer wieder in die kleine Bewegung hinein, die Ihr Körper beim Atmen macht. Fühlen Sie, wie sich Ihre Bauchdecke hebt und senkt. Nehmen Sie wahr, wie sich die Rippen leicht ausdehnen und wieder zusammenziehen. Lauschen Sie auf das leise schnurrende Geräusch Ihres Atems in Ihrem Hals.

Warum nicht einfach dösen oder ein Nickerchen machen?

Erstens ist es riskant, in der Öffentlichkeit einzuschlafen, denn es macht Sie natürlich höchst angreifbar. Sie könnten Ihre Haltestelle verpassen oder nicht merken, dass ein Taschendieb Ihnen die Brieftasche aus der Jacke zieht. Wenn Sie dagegen die Eins-vier-zwei-Atmung durchführen, sind Sie hellwach und aufmerksam.

Zweitens sind Sie nach einem Nickerchen eher verwirrt und benommen. Die Gefahr ist größer, dass Sie etwas vergessen oder einen Unfall haben. Ihr leicht benebelter Zustand könnte Sie auf dem Heimweg von der U-Bahn oder der Bushaltestelle gefährden.

Und der wichtigste Grund ist, dass Sie sich nach dieser Übung einfach besser fühlen. Erholter Körper, erholter Geist. Nachdem Sie Ihren ganzen Körper in einen Mini-Winterschlaf versetzt haben, werden Sie bereit sein für al-

les, was noch auf Ihrem Programm steht, Lust haben, mit Ihrem Collie herumzutollen, gern für einen Freund etwas zum Abendessen kochen. Sie werden fit sein, Ihrer Tochter bei den Chemiehausaufgaben zu helfen, und gestärkt, um Petunien in Ihre Blumenkästen zu pflanzen.
Ein sehr hilfreiches Buch mit Atemübungen sowie Entspannungs- und Stressbewältigungstechniken ist *Stressabbautraining: die besten Methoden zur Steigerung Ihrer Leistungsfähigkeit* von Martha Davis, Elizabeth Eshelman und Matthew McKay. Eine gute Kassette mit Atemübungen ist *Atemtraining für jedermann. Die große Kraft des Atems* von Barbara Spachtholz.

Sinfonie für den Hals

Machen wir uns nichts vor: Manchmal hat man wirklich eine Menge am Hals. Im wahrsten Sinne des Wortes. Wir schleppen ein Paket Schädelknochen mit uns herum, dazu die komplizierten Windungen der Gehirnsubstanz. In der Regel wiegt dieses Paket viereinhalb bis fünfeinhalb Kilo. Übrigens, machen Sie sich nichts daraus, wenn Sie einen kleinen Kopf und ergo ein kleines Gehirn haben. Das hatte Einstein auch. Die Leistungsfähigkeit unseres Gehirns basiert auf der Anzahl der Neuronenverknüpfungen, nicht auf seiner Größe.

Normalerweise tragen wir diese kostbare Fracht so gleichgültig wie einen nassen Badeanzug. Achten Sie zum Beispiel einmal darauf, wie Ihre Nachbarn im Zug, Bus oder in der U-Bahn sitzen. Ich wette, sie lümmeln sich mit rundem Rücken und hängendem Kopf auf ihrem Platz herum.

Und nun schauen Sie sich selbst an: Auch Sie hängen vermutlich in besagter nachlässiger Haltung auf Ihrem Sitz. Das bedeutet, dass das Gewicht Ihres mächtigen Schädels und scharfsinnigen, IQ-geladenen Gehirns nicht von der Wirbelsäule, sondern von den Halsmuskeln getragen wird. Eine sichere Methode, einen verspannten Nacken zu bekommen.

Lassen Sie uns also etwas ausprobieren. Gehen Sie in die ägyptische Pose. Beginnen Sie, vom Gehirn aus Botschaften an die Rückenmuskeln zu senden, die Ihre Wirbelsäule aufrecht halten. Dehnen Sie die Wirbelsäule sanft. Stellen Sie sich vor, wie sie vom Steißbein bis hinauf zur Schädelbasis reicht.

Versuchen Sie, Kopf und Hals so zu halten, dass Sie weder

Kopf und Kinn vorstrecken noch das Kinn dicht an die Brust ziehen. Die Halswirbel sollten bequem die natürliche Fortsetzung der Rückenwirbel bilden. Sie sind nicht an den Schultern abgeknickt wie der Stiel einer frostgeschädigten Rosenknospe, deren Blüte schlapp nach unten hängt, sobald sie aus dem Blumenladen kommt.
Diese aufrechte Haltung von Kopf und Hals fühlt sich vielleicht zunächst merkwürdig an. Kein Wunder. Wahrscheinlich haben Sie die meiste Zeit Ihres Lebens mit leichtem Rundrücken und vorstehendem Kinn gesessen. Trotzdem ist Ihnen vielleicht nicht klar, welche Folgen dies für Ihren übrigen Körper hat. Um das festzustellen, strecken Sie absichtlich den Kopf vor und krümmen Sie die Schultern. Spüren Sie, wie das Ihren Brustkorb zusammenstaucht und sich auch die Lendenwirbel krümmen. Nun dehnen Sie die Wirbelsäule sanft wieder und beugen Sie leicht den Kopf zurück. Heben Sie das Kinn, sodass es eine waagerechte Linie bildet. Nehmen Sie wahr, wie sich Ihr Brustkorb hebt und weitet.
Gehen Sie noch einmal in die schlampige Haltung. Achten Sie darauf, wie die Rippen zusammengestaucht werden, wenn Sie den Kopf vorstrecken – es ist schwierig, nun noch richtig tief durchzuatmen. Strecken Sie sich wieder; zugleich werden Kopf und Hals wieder zur Verlängerung des Rückens, und Sie dehnen die Halsmuskeln nach oben. Das ist eine kaum merkliche Bewegung. Versuchen Sie, sich nach oben zu dehnen, ohne die Schultern hochzuziehen oder anzuspannen. Auch der Nacken sollte locker bleiben und seiner natürlichen konkav geschwungenen Linie folgen.
Denken Sie bei alledem daran zu atmen. Lassen Sie die Kaumuskeln und die Muskeln um Mund und Augen herum locker. Versuchen Sie, den Scheitel noch ein kleines biss-

chen weiter nach oben zu dehnen. Stellen Sie sich vor, Ihr Kopf würde sich zur Decke der U-Bahn hinaufstrecken, zur Straße, den Häusern, der Sonne, den Wolken oder den Sternen am Himmel.

Nun sitzen Sie also gerade. Wie gefällt Ihnen das? Hm, vielleicht überhaupt nicht. Zuerst kommt es einem komisch und unbequem vor. Komisch ist aber in Wirklichkeit, dass Ihre Rückenmuskeln an die schlaffe Haltung gewöhnt sind. Nun protestieren sie vielleicht dagegen, aufzuwachen und aktiv zu werden. Außerdem fühlen Sie sich mit geöffnetem, aufrechtem Brustkorb womöglich angreifbarer. Tja, Gewohnheit ist ein eisern Kleid – aber geben Sie nicht auf. Atmen Sie.

Als Nächstes gönnen wir Ihren überanstrengten Nackenmuskeln eine erholsame Dehnung; der Rücken bleibt dabei leicht gedehnt.

Beugen Sie langsam, ganz langsam, den Kopf nach vorn, und neigen Sie das Kinn zur Brust. Sie können sich dabei selbst sagen: »Diese Bewegung ist kinderleicht.« Die Versuchung wird groß sein, sie schnell durchzuführen. Widerstehen Sie ihr! Bewegen Sie sich im Zeitlupentempo, und richten Sie Ihre ganze Aufmerksamkeit auf Ihre Nackenmuskeln.

Versuchen Sie, während dieser Bewegung einmal zu spüren, wie Ihre Halswirbel, alle sieben, miteinander verbunden sind. Nehmen Sie wahr, wie sich die Nackenmuskeln in die Länge dehnen. Auch dabei kann eine alte Gewohnheit ihr hässliches Gesicht zeigen. Ihr Körper, der so lange daran gewöhnt war, sich hängen zu lassen, möchte dies vielleicht auch jetzt tun. Halten Sie den Rücken gerade, obwohl Sie den Kopf nach vorn beugen.

Konzentrieren Sie sich auf Ihren Nacken. Stellen Sie sich vor, tief in die Muskelfasern hineinzuatmen und wie der

Sauerstoff zu jeder einzelnen Zelle transportiert wird. Spüren Sie, wie die Muskeln weich und locker werden. Sehen Sie im Geiste, wie sie sich mit jedem Atemzug weiter öffnen und ausdehnen.
Nun richten Sie Ihre Aufmerksamkeit auf den übrigen Körper. Wandern Sie durch Schultern, Oberkörper, Hüften, Arme, Hände, Beine und Füße. Ist noch irgendetwas eingeengt oder verkrampft? Sitzt irgendwo noch eine Spannung? Lockern Sie die entsprechenden Partien.
Kehren Sie zu Ihrem Hals zurück. Denken Sie daran zu atmen. Nun heben Sie allmählich den Kopf, bis Ihr Gesicht wieder nach vorn gerichtet ist. Diese Bewegungsabfolge ist *nicht* so einfach, wie es scheint. Bitte machen Sie sie nicht mechanisch. Denken Sie daran, sie ganz langsam durchzuführen. Wenn Sie dabei stets tief atmen und auf jedes kleine Detail achten, wird es danach nicht nur Ihrem Nacken besser gehen, sondern Sie werden auch ruhig und entspannt am Ziel ankommen.
Wenn Sie die »Sinfonie für den Hals« in angemessenem Tempo spielen, sollte sie etwa zwei bis drei Minuten dauern. Empfehlung: Mehrmals täglich wiederholen.

Sterngucker: Kleiner Weltraumausflug im Rushhour-Wahnsinn

Sind Sie gerade in einer Stimmung, in der Sie am liebsten die Welt anhalten würden, damit Sie aussteigen können? Dann ist eine kleine Flucht manchmal genau das Richtige. Sie können sich in einen Ihrer spannenden Lieblingskrimis flüchten – oder in die Rätsel des Universums.

Gehen Sie entweder in die ägyptische Pose oder die Bergpose. Beginnen Sie, langsam und tief durchzuatmen; dehnen Sie die Wirbelsäule; lassen Sie Hals, Schultern und Kiefer locker. Schließen Sie leicht die Augen, oder lassen Sie sie offen, ohne den Blick auf etwas Bestimmtes zu richten.

Sie befinden sich gerade tief unter der Erde in einem Tunnel unter Boden- und Gesteinsschichten. Stellen Sie sich vor, Sie könnten zum Himmel hinaufschauen. Schießen Sie Ihren Blick wie einen Laserstrahl nach oben durch das Metalldach der U-Bahn und die Betondecke des Tunnels, durch den Sie mehr oder weniger schnell (je nach Laune Ihrer freundlichen Verkehrsbetriebe) transportiert werden. Schauen Sie durch das Gewirr elektrischer Kabel, Wasser- und Gasleitungen und durch Asphalt und Pflaster über Ihrem Kopf hindurch.

Lassen Sie Ihre Gedanken nach oben durch die Straßen der Stadt fliegen, an den Hochhäusern hinauf und in die Luft über der Stadt. Weiter. Vorbei an der Höhe, in der die Zugvögel fliegen (750 Meter), und weiter hinauf als die Kommunikationssatelliten, die über unseren Köpfen herumschwirren (35 000 Kilometer über dem Äquator).

Weiden Sie im Geiste Ihre Augen an den Sternen. Ja, sie

sind da oben. Ganz gleich, ob die Stadt in Smog, Nebel oder Schneegestöber gehüllt ist. Ganz gleich, ob dichter Regen auf die Bürgersteige über Ihrem Kopf prasselt. Das ist nur eine vorübergehende atmosphärische Störung, ein Flimmern in der so genannten Troposphäre, der Schicht, in der die meisten Wolken hängen und in der sich das abspielt, was wir »Wetter« nennen.
Lassen Sie die Gedanken die zwölf Kilometer durch die Troposphäre hindurch in die Stratosphäre hinauffliegen. Hier trübt kein Wasserdampf, kein Staub und keine Umweltverschmutzung Ihren Blick. Lassen Sie sich von einem tiefen Gefühl der Weite und des Staunens durchdringen.
Atmen Sie weiter. Lassen Sie die Schultern locker. Dehnen Sie die Wirbelsäule nach oben.
Im Trubel unserer alltäglichen Dramen vergessen wir den Kosmos dort draußen. Auch wenn es helllichter Tag ist – die Sterne sind da. Strahlend hell. Billionen wirbelnder Bälle aus heißem Gas, die alle gleißendes Licht und unvorstellbare Temperaturen erzeugen. Sterne, die glühen und glühen – Millionen Jahre lang. Alte und neue Sterne. Manche kühlen gerade ab und glimmen wie ersterbende Glut. Andere explodieren zu Supernovae, die von hoch entwickelten Satellitenkameras als helles Aufleuchten in Rot, Grün und Violett gezeigt werden.
Man vergisst leicht, dass auch »unsere« Sonne nur ein weiterer Stern ist. Mit ihrem Durchmesser, der hundertneunmal so groß ist wie der der Erde, erscheint sie riesig. Und sie ist heiß: Ihre Oberflächentemperatur beträgt über 5500 Grad Celsius. Auch wenn wir uns besonders für die Sonne interessieren, ist sie eigentlich ein recht gewöhnlicher, durchschnittlicher Stern, einer von Billionen anderen in der Milchstraße. Nicht größer und nicht kleiner, nicht heller und nicht dunkler als unzählige andere Sterne. (Sie

wirkt nur besonders groß, weil sie näher an der Erde ist als alle anderen Sonnen.)
Hören Sie das Kreischen der eisernen Räder auf den Schienen? Spüren Sie das Schlingern Ihres U-Bahn-Wagens? Atmen Sie weiter.
Denken Sie an die Galaxien, diese Inseln wirbelnder Sterne. Zu einer typischen großen Galaxie gehören 100 Billionen Sterne, zu einer kleinen gerade einmal wenige hunderttausend. Noch vor nicht allzu langer Zeit glaubten die Menschen, die Milchstraße würde die einzige Galaxie im Universum sein. Weit gefehlt. Heute wissen wir, dass es Billionen anderer Galaxien mit exotischen Namen wie Andromeda, Whirlpool, Centaurus A und Pinwheel gibt.
Denken Sie über die Planeten nach. Früher hat jedes Schulkind gelernt, es gäbe insgesamt neun Planeten, darunter die Erde, die um unsere Sonne kreisen. Mit den neuesten Teleskopen, Spektrometern und fortgeschrittenen Forschungstechniken des 21. Jahrhunderts werden immer mehr Planeten *außerhalb* unseres Sonnensystems entdeckt. Die Gesamtzahl der Planeten wird mit bis zu 64 und mehr angegeben. Dieses Forschungsgebiet, die so genannte *extrasolare Planetenforschung,* verspricht unsere gegenwärtigen Vorstellungen vom Universum zu sprengen.
Atmen Sie weiter. Beenden Sie Ihren U-Bahn-Ausflug ins sternenfunkelnde Universum mit ein paar Gedanken an den Urknall (den *Big Bang).* Die Urknalltheorie ist das gegenwärtig unter den Astronomen vorherrschende Standardmodell, nach dem das Universum in einer riesigen Explosion lodernder Flammen entstand. Seit jenem Zeitpunkt vor Billionen von Jahren expandiert es immer weiter. Sterne und Galaxien schwirren in den Weltraum hinaus und entfernen sich dabei voneinander. Wer weiß, ob die Astronomen des

21. Jahrhunderts diese Theorie beweisen oder widerlegen werden?
Vorläufig gibt es nichts Besseres als das atemberaubende Funkeln des Universums, wenn es darum geht, unsere persönlichen Probleme nicht überzubewerten. Vielleicht sind sie ja gar nicht so schlimm! Manche dieser Probleme mögen sich plötzlich sogar ausgesprochen nichtig ausnehmen. Beschränken Sie diese Gedankenübung nicht auf U-Bahn-Fahrten. Machen Sie sie auch über der Erde und im hellen Tageslicht. Wenn man im Stau feststeckt, an einer roten Ampel halten muss oder auf den Bus wartet, ist es ganz schön, zum Himmel hinaufzuschauen und sich die Sterne vorzustellen, die über dem blauen Himmel, der Wolkendecke oder dem Schneetreiben hell strahlen.
Um sich besser vorzubereiten, nehmen Sie sich an einem sternklaren Abend etwas Zeit, in Ihrer Wohnung oder Ihrem Haus am Fenster zu stehen. Genießen Sie das unglaubliche Panorama des Nachthimmels. Oder schauen Sie einmal im Internet nach. Die Webseite der NASA ist voll gepackt mit faszinierenden Informationen (und verblüffenden Fotos) über Supernovae, Schwarze Löcher und Pulsare. Die englischsprachige Site finden Sie unter www.nasa.gov. Zum Teil deutschsprachig ist www.nasa-news.de.

Spezialität für Stehplätze

Als der Bus in der Haltebucht zum Stehen kommt, wo Sie schon ungeduldig warten, stöhnen Sie. Es gibt nur noch Stehplätze. Den ganzen Tag lang haben Sie, über Ihren Computer gebeugt, Tabellenkalkulationen getippt, und nun sind Sie erschöpft und verstimmt. Keinen Sitzplatz zu bekommen gibt Ihnen den Rest. Tatsächlich? Sie haben den ganzen Tag in ein und derselben Haltung dagesessen. Auf den Beinen zu stehen und die *Spezialität für Stehplätze* zu absolvieren kann nach einem langen Tag im Büro wahre Wunder wirken.
Diese Dehnübung funktioniert aber nur, wenn Sie nicht wie eine Ölsardine eingeklemmt sind. Sie brauchen auf beiden Seiten und hinter sich etwas Platz. Fünfundzwanzig bis dreißig Zentimeter genügen. Sie haben kein Maßband dabei? Benutzen Sie Ihr Augenmaß. Wenn Sie aber doch beengt wie eine Ölsardine in einer Büchse dastehen, wechseln Sie zur Bergpose auf Seite 86.
Stellen Sie zunächst die Füße hüftbreit auseinander, und beugen Sie leicht die Knie. Halten Sie die Knie während der *gesamten* Übung gebeugt, damit Sie stabiler stehen. Wenn der Bus plötzlich anhält oder einen Schlenker macht, können Sie so mit seiner Bewegung mitgehen und das Gleichgewicht halten, ohne gegen Ihre Nachbarn zu taumeln. (Mit hohen Absätzen das Gleichgewicht zu halten ist natürlich schwieriger. Sie sollten sich überlegen, ob Sie auf dem Weg ins Büro und auf dem Heimweg lieber Laufschuhe anziehen.)
Heben Sie den rechten Arm, und halten Sie sich an der Schlaufe oder Stange über Ihnen fest. Dehnen Sie die Wir-

belsäule. Entspannen Sie Gesicht und Kiefer. Atmen Sie tief in den Bauch hinein. Achten Sie darauf, dass die erhobene Schulter – Ihre rechte – locker ist. Dies erscheint vielleicht etwas paradox. Während Sie die rechte Schulter und den Arm nach oben dehnen, stellen Sie sich vor, in die Muskeln auf dieser Seite hineinzuatmen. Spüren Sie, wie sich die Muskeln öffnen und ausdehnen.

Sie sind mit einer Handtasche unterwegs? Hängen Sie sie über die erhobene Schulter. Sie haben eine Aktentasche dabei? Stellen Sie sie zwischen Ihren Beinen auf den Boden. Lassen Sie den anderen Arm locker an der Seite hinabhängen.

Beginnen Sie nun, in langsamem Zeitlupentempo den Oberkörper von der Taille aus nach links zu drehen. Machen Sie ganz feine, mikroskopisch kleine Bewegungen, so beiläufig, dass die Umstehenden kaum bemerken, dass Sie sich überhaupt bewegen. Drehen Sie den Oberkörper behutsam Zentimeter für Zentimeter zur Seite.

Lassen Sie die Drehung langsam an Ihrer Wirbelsäule entlang nach oben wandern. Halten Sie die Wirbelsäule gedehnt, während Sie zunächst die mittlere, dann die obere Rückenpartie, Brustkorb, Schultern, Hals und Kopf nach links wenden. Bewegen Sie sich ganz langsam. Lassen Sie dabei Schultern, Hals und Kiefer locker. Ihr Körper gleicht nun beinahe der Schlange, die sich am Äskulapstab entlang nach oben windet.

Atmen Sie. Lassen Sie die Dehnung zum Genuss werden. Machen Sie es wie Ihr Haustier. Die Menschen lassen sich generell in Katzenbesitzer und Hundebesitzer unterteilen, auch wenn einige Tierfreunde beide Arten mögen. Egal, zu welcher Sorte Sie gehören, stellen Sie sich vor, wie sich Ihre Mieze oder ihr Wauwau reckt und streckt. Schnaufen und keuchen sie dabei? Verziehen sie vor Anstrengung das

Gesicht? Runzeln sie die Stirn? Murmeln sie unterdrückt »Ohne Fleiß kein Preis«? Ganz und gar nicht. Sie recken sich ungezwungen, wohlig und genießerisch.

Machen auch Sie diese Drehung mit ein wenig spielerischer Katzen- oder Hundeenergie.

Höchstwahrscheinlich wird das niemandem auffallen. Wenn Sie sich dabei wohler fühlen, stellen Sie sich vor, Sie werfen einen Blick über die Schulter, um die Telefonnummer der Fußpflegerin zu lesen, deren Werbung seit ewigen Zeiten im Bus hängt, oder Sie lesen die Straßenschilder, um festzustellen, wo Sie gerade sind.

Zählen Sie ein paar Takte, während Sie über die linke Schulter schauen. Lassen Sie Nackenmuskeln und Kehle locker. Achten Sie darauf, dass Sie die Knie weiter leicht gebeugt halten. Und bitte: keine Gewalt, kein Zwang. Es soll eine angenehme De-e-e-ehnung sein.

Benutzen Sie Ihren Atem, um noch ein wenig tiefer in die Dehnung zu gehen. Wie soll das funktionieren? Strecken Sie die Wirbelsäule bei jedem Einatmen noch ein bisschen höher – ohne die Schultern hochzuziehen. Bei jedem Ausatmen drehen Sie die Wirbelsäule noch etwas weiter. Wenn Sie die für heute weitestmögliche Drehung erreicht haben, atmen Sie ein paarmal tief durch. Dann lösen Sie die Drehung ganz langsam auf, indem Sie den Oberkörper wieder nach vorn wenden.

Was bedeutet »die für heute weitestmögliche Drehung«? Es bedeutet, dass Sie genauestens darauf achten, wie Sie sich körperlich *fühlen,* und dass Sie sich nur so weit drehen, wie es angenehm für Sie ist. Es bedeutet, Ihren Körper zu respektieren und behutsam mit ihm umzugehen.

Das hier ist kein Wettkampf. Sie versuchen nicht, sich selbst oder anderen etwas zu beweisen. Sie wollen keine Schauspielerin übertrumpfen, die Sie in einer Werbung für

Badeanzüge gesehen haben, in der sie sich wie eine Brezel verbiegt.
Zu beobachten, wie Sie sich körperlich fühlen, erfordert Konzentration. Seien Sie ganz bei dem, was Sie tun. Wenn Sie merken, dass Ihre Gedanken abschweifen, um den beiden Teenagern zuzuhören, die sich über ihren Englischlehrer beschweren, richten Sie Ihre Aufmerksamkeit wieder auf Ihren Körper.
Es wird Ihnen allmählich zu anstrengend? Okay. Lösen Sie die Drehung ein wenig, aber nicht ganz. Atmen Sie dabei. Nach ein paar schönen tiefen Atemzügen probieren Sie, wieder in die volle Drehung zu gehen und sich wieder stärker zu dehnen. Wenn Sie dabei Schmerzen verspüren, lösen Sie die Drehung vollständig auf. Schauen Sie wieder nach vorn, und atmen Sie tief in den Bauch hinein.
Wenn Sie die *Spezialität für Stehplätze* linksseitig beendet haben und wieder gerade stehen, atmen Sie ein paarmal tief durch. Nun wechseln Sie den Arm. Strecken Sie die linke Hand nach oben, um sich an Griff oder Stange festzuhalten. Wenn Sie eine Handtasche dabeihaben, hängen Sie diese vorher über die linke Schulter.
Strecken Sie die Wirbelsäule. Bringen Sie Ihre Rückenmuskeln dazu, sich wirklich nach oben auszudehnen, indem Sie den Rücken von unten bis oben strecken. Denken Sie daran, dabei zu atmen und die Schultern locker zu lassen. Achten Sie auch wieder darauf, die Knie leicht gebeugt zu halten.
Drehen Sie sich nun, um über die rechte Schulter zu schauen. Lassen Sie die Bewegung wieder in der Taille beginnen und allmählich hinauf zu Brustkorb, Schultern, Hals und Kopf wandern. Recken Sie sich wieder genießerisch wie eine Katze oder ein Hund. Atmen Sie weiter. Während Sie über die Schulter schauen, stellen Sie sich vor, Sie sähen

einen für Sie wichtigen Menschen im Bus sitzen. Ihre wundervolle, begabte Tochter, Ihre tolle vierjährige Nichte, Ihre Zimmergenossin aus Studienzeiten, die Sie aus den Augen verloren hatten.
Rufen Sie sich einige Details aus dem Gesicht dieses Menschen ins Gedächtnis. Eine sommersprossige Nase, lange Zöpfe, eine kleine Zahnlücke, die beim Lächeln zwischen den beiden Schneidezähnen zu sehen ist. Lassen Sie die Liebe und Zuneigung, die Sie für diesen Menschen verspüren, Ihr Herz erfüllen. Wenden Sie sich wieder nach vorn.
Auf jeder Seite mehrmals wiederholen.
Wenn jemand aufsteht und ein Sitzplatz frei wird, verzichten Sie auf den reflexartigen Versuch, diesen Parkplatz für Ihr Hinterteil möglichst schneller als die anderen zu erreichen. Beschließen Sie stattdessen, stehen zu bleiben und die Drehung noch ein paarmal zu wiederholen. Denn bleiben Sie stehen, fühlen Sie sich vielleicht einfach munterer und lebendiger, wenn Sie nach Hause kommen.
Diese leichte Drehung eignet sich auch gut für die U-Bahn oder einen vollen Pendlerzug. Sie wollen die *Spezialität für Stehplätze* in der U-Bahn durchführen und haben Ihre Aktentasche zwischen den Füßen abgestellt? Berühren Sie die Tasche stets mit einem Fuß oder Bein, damit Sie immer wissen, wo sie ist und dass sie noch da ist.
Sie machen die Übung in einem Verkehrsmittel, das statt Schlaufen oder Stangen unter der Decke Haltegriffe an den Rückenlehnen der Sitze hat? Gehen Sie vor, wie oben beschrieben, aber halten Sie sich einfach mit der rechten Hand an einem solchen Griff fest, und drehen Sie sich langsam nach links. Und umgekehrt.

Unterirdisches Mitgefühl: Lernen Sie das U-Bahn-Volk schätzen

Nach einem langen Tag im Büro kann Ihnen eine unhöfliche oder rücksichtslose Person den Rest geben. Den Menschen zu beschimpfen, der Ihnen gerade auf den Fuß getreten hat, bringt jedoch nichts. Wahrscheinlich war es sowieso ein Versehen.

Spielen wir einmal mit einem menschlichen Gefühl, das in öffentlichen Verkehrsmitteln nicht oft anzutreffen ist: Mitgefühl. Was ist das eigentlich genau? Der Duden sagt, es sei »Anteilnahme am Leid, an der Not anderer«. Mitgefühl zu haben bedeutet, sich in das hineinzuversetzen, was jemand anderem passiert, und an dessen Gefühlen Anteil zu nehmen.

In der Regel haben wir Mitgefühl mit unseren Angehörigen, guten Freunden oder einem Kind. Ihr Bruder bekommt seine Beförderung nicht? Sie sind mit ihm enttäuscht. Ihr Patenkind Susie bricht sich den Arm? Sie können ihre Schmerzen nachempfinden.

Komplizierter wird es, wenn die betreffende Person ein Fremder ist, und ganz schwierig, wenn dieser Fremde direkt neben Ihnen steht. Beginnen wir mit Leuten außerhalb Ihres unmittelbaren Blickfeldes, Leuten, deren harte Arbeit Ihre heutige Fahrt überhaupt möglich macht.

Gehen Sie zunächst in die ägyptische Pose. Machen Sie ein paar lange, tiefe Atemzüge. Wenn Sie nur einen Stehplatz haben, gehen Sie in die Bergpose. Nehmen Sie sich einen Augenblick Zeit, um sich das Dasein der U-Bahn-Beschäftigten vorzustellen. Zu jeder Tages- und Nachtzeit schuften Hunderte von Leuten wie die Maulwürfe unter der Erde.

Wie mag es wohl sein, den ganzen Tag in einer unterirdischen Welt zu verbringen? Fünf Tage die Woche, Jahr für Jahr? Ohne den Himmel zu sehen, ohne rasch auf die sonnigen Straßen treten oder die warmen Strahlen der Wintersonne durch das Fenster genießen zu können?
Senden Sie den Angestellten am Schalter in ihren engen Kabäuschen Ihr Mitgefühl. Denken Sie an ihre langen, einsamen Stunden. An die Langeweile darüber, stets nur Wechselgeld abzuzählen, und den Ärger über wütende Kunden, die sie zur Schnecke machen.
Danken Sie im Geiste den Zugführern, die den ganzen Tag oder die ganze Nacht in den schwarzen Tunnel vor sich starren. Stellen Sie sich vor, was sie hauptsächlich sehen: rote Signale, die auf Grün umspringen, grüne Signale, die auf Rot umspringen. Im Vorbeifahren sehen sie andere Exemplare der menschlichen Rasse auf einem spärlich erleuchteten Bahnsteig stehen, bevor sie wieder vom schmuddeligen Dunkel verschluckt werden.
Ihnen ist gerade überhaupt nicht nach Dankbarkeit zumute? Sie wollen einfach nur so schnell wie möglich nach Hause – ohne an *irgendetwas* zu denken? Schlagen Sie das Kapitel »Mini-Winterschlaf für zwischendurch« auf Seite 139 auf. Sobald Sie ruhiger geworden sind, kehren Sie zu dieser Übung zurück.
Atmen Sie tief in den Bauch hinein. Denken Sie wieder an die Zugführer. Sie rattern in finsteren Kabinen durch die Gegend und sagen häufig minutenlang nicht viel mehr als so erbauliche Sätze wie »Zurückbleiben, bitte«. Jedes Mal, wenn sie den Kopf aus ihrer Kabine stecken müssen, riskieren sie es, Flüche oder Fausthiebe zu kassieren oder angespuckt zu werden. Senden Sie diesen Angestellten ein wenig Anteilnahme und Rücksicht.
Natürlich unterscheiden sich die Tätigkeiten der U-Bahn-

Angestellten von Land zu Land und Stadt zu Stadt, je nachdem, ob Sie ein älteres U-Bahn-Netz benutzen oder ein neueres, stärker automatisiertes. Passen Sie Ihre Mitgefühl-Übung entsprechend an.

Führen Sie Ihre Mitgefühl-Meditation noch eine Stufe weiter. Denken Sie an all die Arbeiter, die am Bau dieser unterirdischen Tunnels beteiligt waren. Wenn Sie in Philadelphia, New York, London, Paris, Berlin oder in Hamburg unterwegs sind, war das eine echte Plackerei. Diese U-Bahn-Röhren wurden nämlich zum Teil noch vor der Zeit von Planierraupen, Baggerladern und anderen Maschinen gebaut, die heutzutage auf städtischen Großbaustellen zum Bewegen größerer Erdmassen eingesetzt werden.

Stellen Sie sich vor, wie Dynamit Tonnen von Gestein wegsprengt und Arbeiter anschließend mit Vorschlaghämmern riesige Felsbrocken in kleinere Steine zerschlagen. Dreck, Sand und Steine, die mit Eimern ausgehoben werden. Schutt, der mit Schubkarren und Eselskarren abtransportiert wird. Steinschlagtrümmer, die weggeschaufelt werden, und Einsturzstellen, die wieder freigegraben werden, alles per Hand. Und Sie dachten, Sie hätten Rückenprobleme! Die U-Bahn, mit der Sie gerade fahren, verdankt ihre Existenz viel Muskelkater, Rückenschmerzen und Schweiß.

Sie düsen in einer der in jüngerer Zeit gebauten U-Bahnen in San Francisco, Los Angeles, Frankfurt oder München herum? Auch für diese war jahrelange Schwerarbeit vonnöten. Auf ihren Großbaustellen musste zwar nicht mehr ganz so hart geschuftet werden wie früher, doch sie erforderten immer noch höchst anstrengende und oft gefährliche Arbeit. Nehmen Sie sich einen Augenblick Zeit, um all den Arbeitern zu danken, die daran beteiligt waren.

Vergessen Sie dabei auch nicht die Städteplaner, Architekten, Ingenieure, Bauaufseher, Konstrukteure, Geologen,

Bankangestellten, Politiker und Steuerzahler, dank deren Fähigkeiten und finanzieller Unterstützung dieses öffentliche Transportnetz heute auf den Stadtplänen eingezeichnet ist.

Sobald Sie das unterirdische Mitgefühl beherrschen, versuchen Sie es einmal über der Erde. Wenn Sie das nächste Mal mit dem Bus oder Zug fahren, senden Sie allen Arbeitern, die Ihre Fahrt ermöglicht haben, Mitgefühl und Dankbarkeit.

Die Vorzüge des Trödelns

Sie sind soeben aus einem vollen Bus, Zug oder aus der U-Bahn gestiegen und haben nun einen sieben Häuserblocks langen Fußweg vor sich. Diesen Weg sind Sie vielleicht schon fünfhundertmal gegangen. Sie schalten auf Autopilot um. Ihre Gedanken sind schon dort, wo Sie hinlaufen – so schnell wie möglich natürlich.

Üben Sie heute einmal zu trödeln. »Sich langsam, ohne festes Ziel irgendwohin bewegen, schlendern« lautet die Definition des Verbs »trödeln« im Duden. Langsam, ohne festes Ziel. Wörter, bei denen der Durchschnittsmensch unserer Gesellschaft, der stets in Eile ist, die Krise kriegt. Nun weiß ich ja, dass Sie genau in diesem Augenblick etwas Wichtiges vorhaben. Sie hetzen von der Bushaltestelle nach Hause. Stürmen zum Supermarkt. Rasen in die Reinigung. Eilen zu Ihrem geparkten Auto.

Erinnern Sie sich, wie oft Sie sich darüber beklagen, dass Ihr Auto »meilenweit« weg geparkt ist? Verwandeln Sie dieses Manko heute einmal in einen Vorzug. Nehmen Sie sich vor, den Gang dorthin nicht als Bewegung zu betrachten, die Sie an Ihr Ziel – Supermarkt, Reinigung oder Auto – bringt, sondern als Gelegenheit, in aller Ruhe von hier nach dort zu bummeln.

Das dauert gar nicht viel länger. Angenommen, es kostet Sie ein paar Minuten mehr, vielleicht drei bis fünf. Fällt das letztlich denn wirklich ins Gewicht? Gut möglich, dass Sie den Unterschied gar nicht bemerken, weil Sie sich amüsiert und interessante Dinge gesehen haben.

Bevor Sie Ihren Bummel beginnen, machen Sie ein paar lange, tiefe Atemzüge. Konzentrieren Sie sich ganz auf diesen Augenblick. Ihre Gedanken weilen in der Zukunft? Sie stellen sich bereits vor, wie Sie das kalte Getränk genießen, das zu Hause im Kühlschrank steht? Dann werden Sie all das Neue auf ihrem Weg nicht sehen können. »Welches Neue?«, mögen Sie fragen. Nun ja, es ist unwahrscheinlich, dass Sie ein Pariser Café entdecken werden, in dem lauter Franzosen ihren Absinth schlürfen. Sie werden auch nicht Ihrer Lieblingsschauspielerin begegnen, die gerade einen Text einstudiert. Wahrscheinlich sehen Sie nicht einmal ein kreischendes Kranichpaar bei seinem komplizierten Balztanz.

Und doch liegt auf Ihrem Weg jede Menge Faszinierendes, Merkwürdiges und Lustiges – Flora und Fauna, an der Sie normalerweise achtlos vorbeistürmen. Wie können Sie ein anderes Bewusstsein für die Dinge bekommen?

Vielleicht schleppen Sie sich voller Angst dahin und halten sich im vertrauten Selbstgespräch zum x-ten Mal vor, was alles nicht in Ordnung ist. Bei Ihrem Job, in dieser Stadt, in Ihrem ganzen Leben. Oder Sie erstarren beim Gedanken an das, was Sie zu Hause vielleicht erwartet.

Mal ganz ehrlich: Ist das nicht ein bisschen langweilig? Erinnert es nicht fatal an das Sommer-Fernsehprogramm mit seinen Wiederholungen von Sendungen, die Sie schon zweimal gesehen haben? Warum fassen Sie nicht einen Entschluss, während Sie weiterschlendern: Die Extrazeit, die Sie durch Ihren Bummel haben, werden Sie nutzen, um unterwegs die Augen nach gewöhnlichen Dingen oder Leuten offen zu halten, die in Wirklichkeit ganz außergewöhnlich sind!

Was könnten Sie mit anderen Augen betrachten? Hier ein paar Beispiele für den Anfang: ein Pärchen, das die Rampe zu einer Tiefgarage hinuntergeht. Sie sind schon in den Fünfzigern? Aber sie halten Händchen. Alle paar Schritte berühren sich ihre Schultern. Vielleicht wollen sie gleich ihren dreißigsten Hochzeitstag feiern. Oder sie haben sich gerade erst kennen gelernt und erleben nun den Gefühlssturm einer heftigen Liebesbeziehung wie zwei verknallte Teenager.

Eine Frau, die versucht, ein wütendes Kleinkind zu beruhigen. Das Kind ist krebsrot im Gesicht und boxt der Frau mit den Fäusten gegen die Brust. Und es schreit. Das Gebrüll hört und hört nicht auf. Sie mögen zunächst denken: »Was für eine schreckliche Mutter.« Dann beschließen Sie, keine Vermutungen anzustellen. Vielleicht ist die Frau tatsächlich etwas unerfahren. Nach Jahren vergeblicher Behandlungen ihrer Unfruchtbarkeit ist sie nun im siebten Himmel. Sie hat es geschafft. Sie ist gerade aus Honduras zurückgekommen – mit ihrem schon über alles geliebten Adoptivkind. Die Kleine hat sich nur einfach noch nicht an ihre neue Mutter gewöhnt.

Leuchtend rosa Blumen, Fleißiges Lieschen unter einem Baum. Irgendjemand hat sich die Mühe gemacht, sich auf den Boden zu knien oder sich zu bücken, um nur zur Zierde diese Blumen zu pflanzen. Sie verschönern einen öffentlichen Platz und machen ihn hübscher für Sie und andere Passanten.

Ein grünes Männchen am Fußgängerüberweg. Manchmal ist der bloße Gedanke an ein elektrisches Gerät, das einem vorschreibt, wann man zu gehen hat, unerträglich. Doch Sie vergessen, wie praktisch es ist, in einem Ort mit roten Ampeln zu leben. Stellen Sie sich das Chaos an einer Kreuzung in einer quirligen Stadt wie Marrakesch vor. Autos, Fahrräder, Mofas, Lastwagen, Fußgänger (darunter viele Kinder, die in alle Richtungen rennen), Esel, Kamele, Ziegen – alle versuchen, ein Stückchen der staubigen Straße für sich zu ergattern. Sie würden im wahrsten Sinne des

Wortes Kopf und Kragen riskieren, wenn Sie diese Straße überqueren wollten.
Eine Kiste Braeburn-Äpfel vor dem Laden an der Ecke. Jeder Einzelne mit dem Flugzeug aus Neuseeland hierher transportiert – aus Tausenden Kilometern Entfernung.
Das alles sind ganz gewöhnliche Dinge. Zugleich sind sie jedoch plötzlich merkwürdig schön, wenn man sie mit anderen Augen betrachtet. Es sind nur Beispiele, um Ihr eigenes kreatives Potenzial zu wecken. Probieren Sie aus, was Sie sehen können, wenn Sie sich selbst von den Fesseln der Vorstellung befreien, möglichst schnell irgendwohin eilen zu müssen. Probieren Sie aus, was Ihnen ins Auge springt, wenn Sie mit Leib und Seele den gegenwärtigen Moment ausleben.
Bitte schalten Sie dabei Ihr Handy aus. Während Sie nach Hause bummeln, schlendern, trödeln, schleichen, zuckeln oder trotten, nehmen Sie keine Anrufe entgegen.

Im Supermarkt: Lebe wohl, Frust in der Warteschlange

Sie müssen auf dem Heimweg in den Supermarkt. Seltsam: Sie gehen an einem wahren Füllhorn voller Lebensmittel vorbei. Genug, um den weniger glücklichen Einwohnern von Delhi oder São Paulo den Mund wässrig zu machen. Und doch sind Sie schlechter Laune. Warum?
Der Tag neigt sich dem Ende zu. Sie sind geschafft. Außerdem haben Sie Hunger. Einen Einkaufswagen an Bergen von frischem Obst, Stapeln von Keksen und an Fleisch vorbeizuschieben, das im Licht der Halogenlampen regelrecht rosa leuchtet, macht es auch nicht besser. Beim Anblick der ganzen Lebensmittel bekommen Sie noch mehr Hunger. Kein Wunder, dass Sie in den Gängen Kunden Kekse futtern sehen.
Ein einfaches Rezept dagegen: Nehmen Sie vor dem Einkaufen einen nahrhaften Imbiss zu sich. Verspeisen Sie auf dem Weg zum Geschäft einen Apfel oder eine Banane oder anderes frisches Obst. Möglichst keinen Schokoladenriegel oder anderen Süßkram. Der möbelt Sie nur kurzfristig auf, und in der Schlange vor der Kasse machen Sie dann wieder schlapp. Das Obst enthält ebenfalls viel Zucker, aber in einer Form, die vom Körper langsamer aufgenommen wird. So brauchen Sie sich nicht mit Unterzucker herumzuschlagen.
Ein weiteres Problem im Supermarkt: ein Überangebot an visuellen Reizen und Geräuschen. Natürlich können Sie die Belastung durch ungewollte Musik und unaufhörliche Verkaufsangebote, die Ihnen die Ohren vollplärren, nicht abstellen. Sie können aber beginnen, langsam und tief durch-

zuatmen. Stellen Sie sich bei jedem Einatmen vor, die Kraft der Ruhe zu inhalieren. Mit jedem Ausatmen befreien Sie sich von den überflüssigen Geräuschen. Denken Sie beim Einatmen: »Ruhe.« Atmen Sie aus, und lassen Sie dabei den Lärm los.

Trotz dieses Gegenmittels werden Sie vielleicht genervt sein, wenn Sie endlich an der Kasse ankommen. Und der Gipfel: Die Frau vor ihnen besteht darauf, genau passend zu bezahlen. Ihr Kleingeld verbirgt sich in den tiefsten Tiefen ihrer geräumigen Handtasche. Während sie nach Cents sucht, kochen Sie vor Wut.

Machen Sie ein paar lange, tiefe Atemzüge. Üben Sie doch einmal, die Menschen in der Schlange mit anderen Augen zu betrachten. Es ist leicht, die Kunden vor Ihnen als hinderlich anzusehen. Als Hindernisse, die es aus dem Weg zu räumen gilt. Als Felsblöcke, über die man klettern muss. Sie verspüren eine nahezu instinktive Abneigung gegen sie.

Beginnen Sie damit, jeden dieser Menschen objektiver zu betrachten. Nein, diese Leute werden nicht Ihre besten Freunde. Aber können Sie sie weniger wertend ansehen? Hören Sie auf, die Berge von Waren in ihren Einkaufswagen anzustarren. Versuchen Sie nicht zu erraten, ob der Mann dort einer von jenen ist, die in letzter Minute noch etwas umtauschen oder womöglich vergessen haben, das Obst abzuwiegen. Oder ob die Frau dort zu den ewig Unzufriedenen gehört, die über jeden einzelnen Preis diskutieren müssen.

Suchen Sie an jedem in der Schlange vor Ihnen etwas, das Ihnen ausgesprochen gut gefällt. Hat jemand etwas zu essen ausgesucht, das Sie über alles lieben? Trägt diese Frau ein wunderschönes Halstuch? Gefallen Ihnen die Schuhe? Hat jemand ein niedliches Baby im Einkaufswagen sitzen?

Sie finden nichts, das Sie anspricht? Atmen Sie weiter, und betrachten Sie die Nächste in der Schlange. Sie hat bestimmt etwas an sich, das Sie mögen. Sie sieht ebenso müde aus wie Sie (und ist es wahrscheinlich auch). Sie liest einen Ihrer Lieblings-Krimiautoren. Und der Mann davor amüsiert sich über ein albernes Foto im *Stern*.

Beobachten Sie, wie vor Ihnen jemand seine Waren auf das Band packt, ohne dass Sie dabei bewerten, wie schnell oder langsam er ist. Beobachten Sie einfach. Betrachten Sie die Hände, die Finger. Die Art, wie sie nach Päckchen mit Tiefkühlkost greifen. Faszinierend. Finger, die sich krümmen und strecken. Der Daumen gegenüber von den Fingern, der sich um eine Tüte Kartoffelchips krallt. Das Ergebnis jahrtausendelanger Evolution unmittelbar vor Ihren Augen!

Wenn Sie sich allmählich der Kasse nähern, richten Sie Ihre Aufmerksamkeit auf die Kassiererin. Schauen Sie sie freundlich an. Nehmen Sie sich einen Augenblick Zeit, um die Welt mit *ihren* Augen zu betrachten. Sie ist seit acht Uhr morgens auf den Beinen. Ihr Rücken und ihre Armmuskeln schmerzen höllisch. Wenn sie heute Abend nach Hause kommt, gönnt sie sich erst einmal ein ausgiebiges heißes Bad.

Wie Sie selbst ist sie hungrig und müde. Stundenlang hat sie nun Ketchupflaschen und Käsepackungen über den elektrischen Scanner geschoben. Greifen, scannen, ablegen. Greifen, scannen, ablegen. Vor einer Weile hat der Scanner für einen Moment den Geist aufgegeben. Ein Kunde hat die Kassiererin wegen der Verzögerung angepöbelt, obwohl sie doch überhaupt nichts dafür konnte.

Atmen Sie wieder tief durch. Tausende von Kunden haben diese Frau angeschaut, ohne sie wirklich zu sehen. Sie haben direkt durch sie hindurch auf die Diät-Cola geschaut,

die hinter ihr aufgestapelt steht. Niemand hat sie als einmaligen, ganz besonderen Menschen behandelt.
Wenn Sie nun heute einmal mit ihr plaudern würden? Wenn Sie beiläufig sagen würden: »Puh, hier geht es ja heute zu wie im Affenhaus.« Vielleicht reagiert sie gar nicht darauf. Es kann sein, dass Sie der erste Kunde sind, der in den letzten Stunden nett zu ihr war. Sie könnte Ihre Bemerkung auch als Kritik auffassen. Sie ist an wütende Kunden gewöhnt und kann neutrale Kommentare nicht sofort von Beschwerden unterscheiden. Sagen Sie noch etwas, um klarzustellen, dass Sie auf *ihrer* Seite stehen.
Es kommt gar nicht darauf an, was Sie sagen – solange Ihre Worte und ihr Blick unverbindlich freundlich sind. Es kommt auch nicht darauf an, wie die Kassiererin reagiert. Seien Sie nicht so fixiert auf das Ergebnis Ihrer Bemühungen. Sie sind auf jemanden zugegangen. Das hat Sie nichts gekostet. Tun Sie das bei jedem Einkauf, und Ihr Supermarkt wird sich völlig verändern. Vielleicht freuen Sie sich sogar auf die nächste Begegnung mit dem Personal.

Endlich zu Hause

Kleine Verschnaufpause: Hoch das Bein

Es gibt doch nichts Schöneres, als wenn einem die Klötze des Alltags von den Beinen genommen werden. Schlüpfen Sie dafür in bequeme Klamotten, Jogginghose und Sweatshirt oder Ähnliches. Ziehen Sie die Schuhe aus und dicke Socken an.
Suchen Sie sich ein ruhiges Plätzchen, an dem Sie fünf Minuten ungestört sein können. Schalten Sie den Anrufbeantworter aus, den Fernseher, das Radio, den CD-Player gar nicht erst ein. Sagen Sie Ihrer Familie oder Ihren Mitbewohnern Bescheid. Sie wollen nicht gestört werden. Sie gehen nicht ans Telefon. Sie geben jetzt auch keine Antwort auf die Frage – die lautstark aus der Küche ertönt –, was Sie beim Pizzaservice bestellen wollen.
Wählen Sie eine Wand aus, an der keine Drucke, Fotos oder Gemälde hängen. (Oder nehmen Sie diese vorübergehend ab.) Suchen Sie sich eine feste Unterlage, auf der Sie bequem liegen können. Ein dicker Teppichboden oder eine gepolsterte Gymnastikmatte sind ideal. Auch zusammengelegte Decken erfüllen ihren Zweck. Platzieren Sie diese mit der Schmalseite im rechten Winkel zur Wand.
Diese Übung sollten Sie auf dem Boden machen. So verlockend es auch erscheint – wenn Sie auf dem Bett liegen, wird Ihr Rücken nicht so wohltuend abgestützt, wie er es jetzt braucht. Setzen Sie sich mit angezogenen Knien seitlich zur Wand, so dass Ihre rechte Hüfte die Wand berührt. Dies ist eine seltsame Haltung, doch eins nach dem anderen. Lehnen Sie sich an die Wand. Nun lassen Sie sich langsam auf die Matte sinken, sodass Sie auf der linken Seite

liegen und Ihr Gesäß die Wand berührt. Wenn es von der Wand weggerutscht ist, schieben Sie sich wieder dicht genug heran.

Drehen Sie sich nun mit immer noch angezogenen Knien auf den Rücken. Ihr Gesäß sollte dabei an der Wand bleiben. Wenn Sie auf dem Rücken liegen, strecken Sie die Beine zur Decke und lehnen Füße und Beine gegen die Wand. Achten Sie darauf, dass Ihr Gesäß immer noch die Wand berührt. Tut es das nicht, setzen Sie sich wieder in die Ausgangsposition und versuchen es noch einmal. Es ist nicht ganz einfach, in die richtige Lage zu kommen, daher müssen Sie es vielleicht mehrmals versuchen. Natürlich schadet es nicht, wenn Ihr Gesäß die Wand nicht berührt, aber die entspannende Wirkung ist viel größer, wenn Ihre Beine senkrecht nach oben zeigen und völlig von der Wand abgestützt werden. Ihre Kniesehnen sind angespannt? Lösen Sie einfach die Oberschenkel ein klein wenig von der Wand. Das macht überhaupt nichts.

Strecken Sie die Arme auf dem Boden aus, sodass zwischen Ihren Händen und den Hüften ungefähr fünfzehn bis dreißig Zentimeter liegen. Drehen Sie die Handflächen nach oben. Beginnen Sie, langsam und tief durchzuatmen. Schließen Sie die Augen. Wenn Sie ein Augenkissen haben, legen Sie es sich über die Augen.

Spüren Sie, wie Ihre Wirbelsäule fest gegen den Boden drückt. Stellen Sie sich vor, jeder Wirbel würde schwer in den Boden einsinken. Ihre Wirbel sind mit mehreren Muskelschichten verbunden. Stellen Sie sich vor, wie diese Muskeln sich lockern, während die Wirbel nach unten sinken. Lassen Sie alle Muskeln in Ihrem Rücken ausruhen.

Atmen Sie weiter. Nehmen Sie wahr, wie sich die Bauchdecke hebt und senkt. Spüren Sie, wie sich Ihre Beine und Füße entspannen. Nach all den Anstrengungen des Tages –

stehen, gehen, laufen, sitzen – können sich Ihre Beine nun endlich völlig entspannen.
Beginnen Sie, auch den übrigen Körper locker zu lassen. Konzentrieren Sie sich vor allem auf Regionen, die bei Ihnen häufig verspannt sind. Ob es der Hals, die Schultern oder der Rücken ist, atmen Sie sanft in diese Partien hinein. Stellen Sie sich bildlich vor, wie diese Muskeln sich ausdehnen und entspannen. Ihre Lage ist so bequem, dass Sie dabei leicht einschlafen könnten, doch versuchen Sie, wach zu bleiben. Bleiben Sie nicht länger als fünf Minuten in dieser Position, dann richten Sie sich allmählich auf. Haben Sie einen niedrigen Blutdruck? Dann richten Sie sich *ganz langsam* auf, damit Ihnen beim Aufrichten nicht schwindlig wird.
Ein weiterer Pluspunkt: Viele Therapeuten empfehlen diese Lage, um Probleme mit schmerzhaften, unansehnlichen Krampfadern zu lindern. Diese Gefäßerweiterungen in Ihren Beinen sind die Folge von Durchblutungsstörungen. Das Blut sammelt sich in den Beinen an, weil die geschwächten Venen es nicht mehr kraftvoll genug zum Herzen zurückpumpen können. Wenn Sie das Blut mithilfe der Schwerkraft aus den Beinen abfließen lassen, werden Ihre Beschwerden gelindert. Weitere Erleichterung bringt es, wenn Sie Ihre nach oben gestreckten Füße sanft kreisen lassen.

Wenn der Rücken schmerzt

Glückwunsch! Sie haben den Tag überstanden! Belohnen Sie Ihren Rücken mit fünf bis sieben Minuten leichter, ungefährlicher Dehnübungen.

Entspannen Sie sich zunächst ein, zwei Minuten in Rückenlage. Suchen Sie sich eine Position, die für *Ihren* Rücken bequem ist. Vielleicht fühlen Sie sich am wohlsten, wenn Sie sich Kissen unter die Knie stopfen, sodass Ihr Rücken in der Taillengegend den Boden, Teppich oder die Matte unter Ihnen berührt. Vielleicht möchten Sie auch noch mehr Kissen unter die Knie schieben, bis Sie die Hand nicht mehr zwischen Ihren Rücken und den Boden bringen. Wenn Sie zum Hohlkreuz neigen, mögen Sie es vorziehen, die angewinkelten Beine auf eine Ottomane oder einen Stuhl zu legen. Im Falle der Ottomane achten Sie darauf, dass Ihre Oberschenkel senkrecht sind; sonst belastet das Gewicht ihrer Beine die Rückenmuskeln.

Vielleicht fühlen Sie sich auch am entspanntesten, wenn Sie mit ausgestreckten Beinen und leichtem Hohlkreuz auf dem Boden liegen. Probieren Sie es aus. Experimentieren Sie so lange herum, bis Sie die richtige Lage für Ihren Körper gefunden haben.

Beginnen Sie mit langen, tiefen, *langsamen* Atemzügen. Den ganzen Tag sind Sie mit Volldampf herumgesaust. Nun ist es einmal Zeit abzuschalten. Lassen Sie alle Muskeln und Knochen entspannt in den Boden sinken. Achten Sie auf die Körperpartien, die bei Ihnen normalerweise verspannt sind. Atmen Sie in diese Partien hinein, und versuchen Sie, die Muskeln zu entspannen und lang werden zu lassen.

Sie stehen unter Zeitdruck? Dann sind Sie vielleicht versucht, diese Entspannungsübung zu überspringen und direkt mit den Dehnübungen zu beginnen. Widerstehen Sie der Versuchung. Ohne Lockerungsübungen können Dehnungen zu Verletzungen führen.
Nach ein paar Minuten rollen Sie sich herum und gehen in den Vierfüßlerstand. Platzieren Sie dabei die Knie etwa hüftbreit, die Hände schulterbreit auseinander. Diese Übung nennt man beispielsweise im Yoga auch »Katze«. Ihre Haustiere machen sie ständig – mit ein Grund dafür, dass sie so entspannt sind!
Bilden Sie behutsam einen runden Rücken. Nicht mit Gewalt. Atmen Sie ein paarmal tief durch. Machen Sie einen Buckel wie eine Katze, die Angst hat. Lassen Sie den Kopf hängen; entspannen Sie die Gesichtsmuskeln. Dann gehen Sie ins Hohlkreuz und schauen zur Decke hinauf. Diesmal sieht Ihre Haltung aus wie bei einem Maultier mit durchhängendem Rücken. Achten Sie darauf, den Nacken nicht anzuspannen, wenn Sie nach oben schauen. Kontrollieren Sie Ihren Mund. Pressen Sie die Lippen zusammen? Lassen Sie sie locker.
Machen Sie nun immer abwechselnd Buckel und Hohlkreuz, etwa fünfmal im Wechsel. Bewegen Sie sich langsam. Ganz langsam. Zuerst fühlt sich Ihr Rücken vielleicht steif wie ein Brett an. Das soll Sie nicht stören. Atmen Sie in die Rückenmuskeln hinein. Spüren Sie dabei bewusst Ihre Wirbel. Sie haben einen langen Tag im Büro hinter sich, dazu den anstrengenden Weg dorthin und wieder nach Hause. Sie haben sich ein wenig liebevolle Zuwendung verdient.
Sollten Ihre Handgelenke schmerzen, gehen Sie ab und zu in eine Position, in der kein Gewicht auf den Händen liegt, zum Beispiel den Fersensitz. Wenn Sie diese Übung öfter machen, werden Ihre Handgelenke mit der Zeit geschmei-

diger und die Beschwerden lassen nach. Die Knie tun weh? Dann machen Sie diese Übung nicht; suchen Sie sich stattdessen Dehnübungen aus dem Kapitel »Die Dusche: Wohltat für die Wirbelsäule« auf Seite 45 aus.
Nach mehreren Wiederholungen gehen Sie wieder in die Rückenlage. Ziehen Sie die Knie zur Brust hoch und ruhen Sie sich aus. Atmen Sie dabei.
Nun gehen Sie wieder in den Vierfüßlerstand und lassen die Hüften kreisen. Schieben Sie die Hüften zuerst nach rechts, dann nach links, beinahe wie ein Labrador, der mit dem Schwanz wedelt. Machen Sie es allerdings langsamer als er! Atmen Sie weiter.
Nun beschreiben Sie mit den Hüften einen richtigen Kreis: nach rechts, dann nach hinten über Ihre Fersen, nach links und wieder nach rechts. Wenn Sie Gesäß und Hüften nach hinten schieben, spüren Sie, wie die ganze Wirbelsäule in die Länge gedehnt wird. Lassen Sie die Dehnung bis in Ihre Arme reichen, indem Sie bei der Rückwärtsbewegung der Hüften die Arme zur Wand vor Ihnen ausstrecken. Machen Sie ganz langsame Bewegungen.
Wenn ein Hund mit dem Schwanz wedelt, bewegt sich dabei der ganze Körper. Die Hinterbacken wackeln hin und her, die Lenden schwingen mit, sogar die unteren Rippen schieben sich hin und her. Der Hund bewegt sich ganz locker und zwanglos. Perfektion ist ihm schnuppe.
Seien auch Sie einmal verspielt. Genießen Sie die Kreisbewegung rundum. Wenn sie sich nach harter Arbeit anfühlt, strengen Sie sich zu sehr an. Versuchen Sie, sich nicht abzumühen. Bewegen Sie sich lockerer und fließender.
Gehen Sie wieder in den normalen Vierfüßlerstand, und atmen Sie. Kreisen Sie nun in umgekehrter Richtung mit den Hüften. Denken Sie daran: Nicht mit Gewalt! Sie müssen niemandem irgendetwas beweisen.

Und noch eine letzte Übung. Gehen Sie wieder auf Hände und Knie. Heben Sie das rechte Bein und strecken Sie es gerade nach hinten aus. Strecken Sie das ganze Bein von der Hüfte bis hinunter zu den Zehen, de-e-ehnen Sie es in Richtung der Wand hinter Ihnen. Vergessen Sie die Vorstellung, Sie müssten das Bein so hoch wie möglich heben. Oder Sie wären ein besserer Mensch, wenn Sie die Zehen bis in den Himmel recken können. Halten Sie das Bein parallel zum Boden. Nehmen Sie sich einen Moment Zeit, um zu sehen, ob Sie das Gleichgewicht halten können, dann strecken Sie den linken Arm zur Wand vor Ihnen aus. Dehnen Sie den ganzen Körper genießerisch und langsam, beinahe, als wäre er ein Kaugummi, der in zwei Richtungen auseinander gezogen wird.

Sie haben Schwierigkeiten, im Gleichgewicht zu bleiben? Kein Problem. Heben Sie einfach jeweils nur ein Bein; anschließend, mit *beiden* Knien auf dem Boden, heben Sie jeweils einen Arm. (Mit der Zeit werden Sie beim Üben weniger Probleme mit dem Gleichgewicht haben.)

Legen Sie sich jetzt wieder auf den Rücken, schließen Sie die Augen, und entspannen Sie die Gesichtsmuskeln. Während Sie daliegen, stellen Sie sich bildlich vor, was Sie als Nächstes tun wollen. Sehen Sie sich selbst vor sich, wie Sie, erfüllt von der entspannten Energie, das Abendessen zubereiten oder ein zerbrochenes Spielzeug reparieren. Dabei arbeiten Sie effizient und sind ganz gelassen.

Dankbarkeit beim Kochen

Sie kochen für einen mürrischen Ehemann und hungrige Kinder? Das gibt Ihnen den Rest? Bevor Sie mit der Zubereitung des Abendessens beginnen, denken Sie an zwei Dinge, die Sie oft als selbstverständlich erachten. Diese Dankbarkeitsübung wird Ihnen viel leichter fallen, wenn Sie schon einmal die »Kleine Verschnaufpause« gemacht haben. Keine Zeit? Nur die Ruhe, diese Übung dauert lediglich drei bis fünf Minuten.

Setzen Sie sich in der ägyptischen Pose auf einen Stuhl. Machen Sie ein paar lange, tiefe Atemzüge. Seien Sie einen Moment lang dankbar dafür, dass Sie einen Herd und genügend Brennstoff haben. In Ihrer Küche müssen Sie quasi nur noch mit dem Finger schnippen. Schnipp! Mit einer raschen Drehung des Handgelenks schalten Sie den Herd ein. Klick! Die Automatik zündet das Gas an. Ein blauer Flammenkranz züngelt um den Brenner. Sie drosseln die Hitzezufuhr und machen sich daran, Knoblauch anzubraten. Oder Sie warten, bis der Strom die Heizspirale der Platte erhitzt. In beiden Fällen ist der Arbeitseinsatz minimal: eine leichte Drehung des Handgelenks.

Diese sofort verfügbare Hitze, ob sie nun durch Gas oder Strom erzeugt wird, würde viele Menschen auf der ganzen Welt in Erstaunen versetzen. Mit Drehungen des Handgelenks kommen sie nicht weit. Für das Feuer, das sie zum Kochen benötigen, müssen sie sich viele Male bücken, müssen Lasten hochheben und durch die Gegend schleppen, Holz oder getrockneten Dung sammeln. Stellen Sie sich den beschwerlichen Heimweg mit einem Berg pieksender Äste auf dem Kopf vor! Stoßen Sie einen Seufzer der Erleichte-

rung aus. Nach Ihrem ereignisreichen Tag mussten Sie nicht noch Brennholz suchen.
Diese Dankbarkeitsübung passt Ihnen vielleicht zunächst nicht. Sie protestieren: »Ich will nicht an all die Leute denken, denen es schlechter geht als mir.« – »Schluss mit den Problemen der Welt. Ich habe genügend eigene.« Ja, ich weiß, Sie haben Rechnungen zu bezahlen. Zankende Kinder. Einen Chef, der Sie jeden Tag zum Wahnsinn bringt.
Atmen Sie. Lange, tiefe Atemzüge. Trotz Ihrer eigenen ganz konkreten Probleme ist Ihr Herd ein Wunder. Ich verwende bewusst das Wort »Wunder«, nicht »göttliches Wunder« (das muss jeder für sich selbst entscheiden). Ich spreche von einer der Definitionen, die im Duden unter »Wunder« stehen: »außergewöhnliches ... Geschehen, Ereignis, das Staunen erregt«. Für den Durchschnittsamerikaner und -europäer ist der Herd sicherlich etwas Stinknormales.
Aus der Perspektive einer Frau in Rio de Janeiro, die in einer Hütte ohne Strom oder fließendes Wasser lebt, *ist* Ihr Herd jedoch ein Wunder. Zweifellos. Ebenso fantastisch und unbegreiflich, wie Neil Armstrongs Spaziergang auf dem Mond von 1969 für die Menschen des ausgehenden neunzehnten Jahrhunderts gewesen wäre.
Sich heute für zwei Küchenwunder zu bedanken ist entschieden zu viel? Wenn ja, spannen Sie Ihre Dankbarkeitsmuskeln ein andermal an. Vielleicht an einem Samstag oder Sonntag, wenn Sie weniger unter Zeitdruck stehen.
Sie können noch mehr Dankbarkeit vertragen? Dann fahren Sie bitte fort. Noch eine Drehung des Handgelenks. Sie drehen den Wasserhahn auf, um den Salat zu waschen. Auch dieser Vorgang würde in weiten Gebieten der Erde großes Staunen auslösen. Das Wasser, das aus Ihrem Hahn kommt, wurde durch ein ausgeklügeltes Rohrleitungs-

system von den merkwürdigsten Orten zu Ihnen transportiert. Von einem Hunderte von Kilometern entfernten Reservoir, wenn Sie in Südkalifornien leben. Vielleicht aber auch aus einer wasserführenden Bodenschicht oder einem Brunnen in der Nähe oder aus den Alpen.

Nehmen Sie sich einen Moment Zeit, um zu schätzen, wie privilegiert Sie sind. Auf die leiseste Berührung mit der Hand strömt sauberes, klares Wasser aus Ihrem Hahn. Gut, es schmeckt vielleicht etwas zu stark nach Chlor oder ist sehr kalkhaltig. Ja, Sie müssen vielleicht einen Wasserfilter installieren oder zum Trinken Wasser in Flaschen kaufen. Doch Sie können mit dem Leben spendenden Nass immer noch kochen und waschen. Es strömt aus den Wasserhähnen. Warm *und* kalt.

Sie leben in einem hohen Mietshaus? Wie ist Ihr Wasser dort oben hingekommen – hoch in die Luft? Es wurde mit schnurrenden Druckpumpen durch glucksende Rohre zu Ihnen in den zweiundzwanzigsten Stock geleitet. Danken Sie den Konstrukteuren der Kanalisation, den Architekten, Installateuren und den Arbeitern, die an Design und Bau des ausgeklügelten Systems beteiligt waren, das zum Transport des Wassers in Ihr Haus oder Ihre Wohnung nötig ist.

Schätzen Sie die Großzügigkeit der Natur, das Ehrfurcht gebietende Wunder, dass Wasser vom Himmel fällt. Höchst erstaunlich, wie eine komplizierte Abfolge von Ereignissen Sie und Ihre Lieben mit Wasser versorgt: Wind, der um die Erde weht, Feuchtigkeit, die von Seen, Flüssen, Meeren und Wäldern verdampft, Wolken von Eiskristallen, die sich hoch oben bilden, Schneeflocken, die vom Himmel fallen, sich in Regentropfen verwandeln, wenn sie sich der wärmeren Erde nähern.

Ihre Wasserversorgung ist ein weiteres Wunder für Millionen von Menschen auf der Welt; sie müssen ohne fließendes Wasser auskommen. Sie schleppen Wasser in Blechbüchsen oder Eimern vom nächsten Brunnen heran, der oft viele heiße, staubige Kilometer weit weg liegt. Und Wasser zu schleppen ist anstrengend, denn es ist schwer. Gott sei Dank, *Sie* mussten sich zur Krönung Ihres Tages nicht noch einen Wassereimer auf die Schulter hieven.

Atmen Sie weiter. Sie genießen viele Vorzüge. Sehr viele. Entwerfen Sie Ihre eigenen Dankbarkeitsübungen für die Küche. Für Ihren praktischen Kühlschrank. Den Vorteil, ans Stromnetz angeschlossen zu sein. Die Schönheit kontrolliert biologisch angebauter vorgewaschener Babykarotten, die Sie stets aus dem Regal in Ihrem Supermarkt pflücken können.

Nun bereiten Sie weiter das Abendessen vor.

Das Essen ist fertig

Sie haben sich als Kind höchstwahrscheinlich auch mindestens einmal anhören müssen: »Schling nicht so wie ein Wolf!« Wölfe schlingen Ihr Futter tatsächlich herunter, und es scheint ihnen deshalb nicht schlechter zu gehen. Langsam zu essen kann trotzdem das Abendessen völlig verändern.

Wenn Sie die ersten Male langsam essen, tun Sie es allein. Sollten Sie mit einem Mitbewohner oder Ihrem Partner zusammen essen, sagen Sie ihnen, dass Sie heute nicht viel reden möchten.

Natürlich beginnen Sie wieder mit langen, tiefen Atemzügen. Mit den Händen im Schoß schauen Sie einfach nur die nahrhaften Speisen vor Ihnen auf dem Teller an. A propos Teller, nehmen Sie sich Zeit, das Design des Tellers zu betrachten. Hat er einen gemusterten Rand? Ist er himmelblau oder violett und rosa wie ein Himmel im Zwielicht der Abenddämmerung?

Als Nächstes achten Sie auf Anordnung und Konsistenz des Essens auf dem Teller. Welchen Grünton hat das Gemüse? Was sieht knusprig aus? Was weich und cremig? Unbeweglich dort zu sitzen und gierig auf Ihr Abendessen zu starren kann sich wie eine besonders raffinierte Foltermethode anfühlen – ähnlich der Folterbank und dem Aufhängen an den Daumen.

Vielleicht ist das ein tierischer Instinkt, der Ihnen angeboren ist: Sie müssen essen, bevor ein Löwe sich über Ihr Gazellenkotelett hermacht. Oder Sie sind in einer Familie mit ewig hungrigen Brüdern aufgewachsen. Jeder unbewachte Bissen auf Ihrem Teller war sozusagen Freiwild.

Entspannen Sie sich. Stellen Sie sich vor, Sie wären in einem Museum und betrachteten ein holländisches Stillleben aus dem siebzehnten Jahrhundert. Jede Weintraube durchscheinend wie Glas, jeder Apfel von Tautropfen benetzt. In einem fassettenreichen Kristallkelch spiegelt sich der Hermelinmantel des wohlhabenden Kaufmanns, der daneben steht. Lassen Sie sich reichlich Zeit, um die feine Pinselführung genau zu betrachten – die Ihres Essens.

Gut. Zeit, zum Besteck zu greifen. Ganz ruhig bleiben – Sie behalten Ihr gemächliches Tempo bei. Beobachten Sie beim Essen die erstaunlich komplizierten und raffinierten Bewegungen, die Sie machen, um Essen vom Teller in Ihren Mund zu transportieren.

Angenommen, Sie essen Hühnchen mit Reis und grünen Bohnen. Achten Sie darauf, wie Sie, wenn Sie Rechtshänder sind, die Gabel von der rechten in die linke Hand wechseln und das Messer gleichzeitig über Kreuz in die rechte Hand. Dann halten Sie die Gabel mit der Unterseite nach oben und stechen Sie in das Hühnerbrustfleisch. Mit der anderen Hand nähern Sie das Messer der Gabel und beginnen, mit der Klinge hin und her zu sägen. Sorgfältig lösen Sie einen saftigen Bissen vom Knochen. Nun schieben Sie das Stück an den Rand des Tellers. Sie wechseln erneut die Hand: Die Gabel wandert wieder in die rechte Hand, das Messer in die linke. Sie spießen einen mundgerechten Bissen auf und drehen die Gabel wieder richtig herum. Schließlich führen Sie den leckeren Happen zu Ihrem Mund.

Normalerweise vollführen Sie diesen außerordentlich komplizierten Tanz ganz automatisch (natürlich gibt es auch Menschen, die weniger kompliziert agieren, weil sie es sich angewöhnt haben, schnell zu essen). Wenn Sie jedoch einen Arm in einer Schlinge trügen, würden Sie die kom-

plexe Choreografie ihres Abendessen-Balletts zu würdigen wissen (und ziemlich frustriert darüber sein). Atmen Sie weiter. Beobachten Sie den Prozess des Essens weiterhin ganz genau.
Nun beginnt das Kauen. Ihre Kaumuskeln, einige der stärksten Muskeln im ganzen Körper, treten in Aktion. Die Zähne, in der Regel zweiunddreißig an der Zahl, schließen sich an. Ihre Schneidezähne ziehen das Fleisch von der Gabel, die Backenzähne dahinter zerkleinern und zermahlen es. Die Muskeln an den Innenseiten der Wangen schieben das Essen im Mund von vorn nach hinten. Der Speichel setzt Enzyme frei, um den Verdauungsprozess zu unterstützen. Ihr Bissen Hühnchen (in Zitrone geschmort) wird hinuntergeschluckt. Er wandert ordentlich durch die Speiseröhre und steuert auf die betriebsame Welt der Magensäuren und Enzyme zu.
Beachten Sie, was mit Ihren Händen geschieht, während Sie noch auf dem Hühnchenfleisch herumkauen. In Ihrem Schnell-schnell-ich-bin-spät-dran-Leben häufen Sie wahrscheinlich bereits den nächsten Bissen auf die Gabel oder den Löffel, *bevor* Sie das Fleischstück, das Sie gerade im Mund haben, fertig zerkaut und hinuntergeschluckt haben.
Probieren Sie einmal Folgendes: Legen Sie Ihre Gabel zwischen den einzelnen Bissen hin. Beim Kauen platzieren Sie sie auf Ihrem Platzdeckchen. Ja, ganz ablegen. Lassen Sie Ihre Gabel nutzlos auf dem Tisch herumliegen, bis Sie den Bissen in Ihrem Mund fertig zerkaut haben. Und hinuntergeschluckt. Erst dann greifen Sie wieder zur Gabel. Herrje! Wollen Sie etwa weiterhin im Eiltempo das Essen auf die Gabel und in den Mund schieben, oder was?
Beim nächsten Bissen schauen Sie das Essen selbst an. Sagen wir einmal, eine grüne Bohne. Beachten Sie die lange, schlanke Form, die hellgrüne Farbe, den einzigartigen Grü-

ne-Bohnen-Duft. Wenn Sie sie in den Mund stecken, achten Sie auf die Konsistenz. Ist sie knackig? Breiig? Lassen Sie den Geschmack allmählich in die zahlreichen Geschmacksknospen auf Ihrer Zungenspitze und -wurzel eindringen. Sind es zwei verschiedene Geschmäcker? Ein sahnig-buttriger Geschmack? Ein scharfes Gewürz, das sich mit dem Bohnengeschmack vermischt?
Sie möchten Ihre grüne Bohne wahrscheinlich hinunterschlucken, kaum dass Sie sie im Mund haben. Machen Sie es einmal wie die Weinexperten bei Ihrem komplizierten Ritual, wenn sie einen edlen Bordeaux verkosten. Diese Kenner halten die Nase etwa acht bis zehn Zentimeter über das Glas. Sie schwenken die Flüssigkeit hin und her und erschnüffeln die »Nase« des Weins. Dann halten sie ihr Riechorgan unmittelbar über den Rand des Glases und atmen langsam das Bouquet ein. Schließlich nippen Sie vielleicht an dem Wein, schlucken ihn aber nicht hinunter. Der Wein wird im Mund belassen und gekostet.
Essen Sie in aller Gemütsruhe weiter, genau wie ein alter französischer Gourmet.

Kehraus: Entspannung von Fuß bis Kopf

Diese Übung ist äußerst entspannend. Sie können Sie als Einschlafhilfe benutzen oder einfach zum Abschalten, bevor Sie ins Bett krabbeln. Vielleicht möchten Sie dabei nur die Stille genießen, vielleicht aber auch eine Kassette oder CD dazu hören.
Legen Sie sich auf den Rücken auf einen Teppich, eine Matte oder das Bett. Nehmen Sie sich Zeit, den Platz zu finden, der für Ihren Körper an diesem Abend der angenehmste ist. Vielleicht fühlen Sie sich am wohlsten, wenn Sie sich ein, zwei Kissen unter die Knie stopfen, vielleicht aber auch mit gerade ausgestreckten Beinen. Beginnen Sie, tief durchzuatmen. Spüren Sie, wie sich Ihre Bauchdecke langsam hebt und senkt.
Dies ist Ihre Gelegenheit, vom Trubel des Tages abzuschalten, Sorgen und Ängste loszulassen. Vielleicht stellen Sie zunächst fest, dass Sie die Gespräche dieses Tages im Geiste Revue passieren lassen. Vergessen Sie alles, was Sie Ihrem Chef noch sagen wollten, aber verschwiegen haben. Lassen Sie alles los, was Sie gesagt *haben* und im Nachhinein lieber ungesagt machen würden. Lassen Sie Ihre Gedanken zur Ruhe kommen.
Nehmen Sie bewusst das Gewicht Ihrer Knochen wahr. Sie haben sage und schreibe 206 Knochen im Leib. Nun werden Sie jeden Einzelnen davon entspannen. Wie aber entspannt man einen Knochen? Streng genommen kann man gar nicht den Knochen selbst entspannen. Doch wenn man in die Knochen hineinspürt und sich vorstellt, wie sie schwerer und schwerer werden, beginnen die umgebenden

Muskeln, Sehnen und Bänder, sich zu entspannen. Das fühlt sich an, als würden Ihre Knochen in den Boden einsinken. Sie beginnen, sich wohler zu fühlen.
Der »Kehraus« funktioniert folgendermaßen: Den ganzen Tag hat Ihr Körper sich der Schwerkraft widersetzt. Nun wird er ihr nachgeben. Überlassen Sie ihn einfach der Schwerkraft. Beginnen Sie bei den Zehen und wandern Sie ganz allmählich bis zum Kopf hinauf. Während Sie verschiedene Partien Ihres Körpers entspannen, spüren Sie für einen Moment bewusst in die einzelnen Partien hinein, bevor Sie zur nächsten übergehen. Machen Sie dabei lange, tiefe Atemzüge. Stellen Sie sich vor, immer in genau den Körperteil hineinzuatmen, den Sie gerade entspannen.
Bevor Sie beginnen, heben Sie den Kopf und schauen an Ihrem Körper hinunter. Ist Ihre Haltung in Ordnung? Liegen Sie einigermaßen gerade? Wenn nicht, korrigieren Sie Ihre Position, indem Sie Hüften, Beine oder Arme ein wenig verschieben. Legen Sie den Kopf wieder auf den Boden, und stellen Sie sich nun vor, wie sich all die kleinen Knochen in den Füßen entspannen. Probieren Sie einmal, nacheinander die beiden großen Zehen zu entspannen. Lassen Sie an jedem Fuß Spann, Fußsohle und Ferse ganz weich und locker werden.
Lassen Sie die Knöchel locker, Schienbeine und Oberschenkelknochen ganz schwer werden. Ihre Beine haben heute wahre Frondienste geleistet, indem sie Ihren Körper herumgeschleppt haben. Nun haben sie Feierabend. Spüren Sie, wie die Muskeln in den Beinen sich öffnen und ausdehnen. Spüren Sie in Becken und Hüften hinein. Lassen Sie auch diese Knochen ganz schwer werden. Lassen Sie die Bauchmuskeln locker. Spüren Sie, wie der Bauch sich beim Atmen auf und ab bewegt.
Haben Sie geglaubt, sich zu entspannen wäre das Einfachs-

te von der Welt? Und hören Sie sich nun stöhnen: »Oh, ich kann mich einfach nicht entspannen!«? Setzen Sie sich nicht unter Druck. Sie waren fast den ganzen Tag lang angespannt. Wahrscheinlich sogar fast Ihr ganzes bisheriges Leben lang. Ihre sechshundert Muskeln sind auf jahrzehntealte Gewohnheiten programmiert. Sie haben einen chronisch verspannten Nacken? Dann wird er nicht so einfach zu lockern sein. Sie beißen jedes Mal die Zähne zusammen, wenn Sie Ihren Chef sehen? Kein Wunder, dass Ihre verkrampften Kaumuskeln nicht locker werden, sobald Sie mit dem Finger schnippen.

Glauben Sie mir, diese Entspannungsübung wird leichter, je öfter Sie üben. Mit der Zeit werden Sie lernen, sich tiefer zu entspannen. Sie werden ein Gespür dafür bekommen, welche Muskeln in Ihrem Körper sich leichter lockern lassen und welche sich krampfhaft weiter anspannen, als ginge es um ihr Leben.

Wandern Sie weiter im Geiste durch Ihren Körper. Lassen Sie jeden einzelnen Wirbel locker. Lassen Sie alle Rückenmuskeln in den Boden einsinken. Spüren Sie, wie die Schulterblätter hinabsinken. Es ist beinahe, als würden Sie mit dem Boden unter Ihnen verschmelzen.

Ihre Gedanken schweifen zur Vorbereitung der morgigen Mitarbeiterbesprechung ab? Holen Sie sie sanft wieder zurück. Kehren Sie zu Ihrem Atem zurück, und konzentrieren Sie sich ganz auf den Körperteil, bei dem Sie auf Ihrer Wanderung gerade angekommen waren.

Entspannen Sie jede Rippe. Lassen Sie die Muskeln zwischen den Rippen weiter und ausgedehnter werden. Atmen Sie tief durch. Lassen Sie die Finger locker, die Handgelenke ebenfalls. Lassen Sie Arme und Schultern ganz schwer werden. Lassen Sie Ihren Körper noch tiefer in den Boden einsinken. Tiefer und tiefer. Schwerer und schwerer.

Lassen Sie das ganze Gewicht Ihrer Knochen, Muskeln, Bänder, Organe und Ihrer Haut von dem Bett getragen werden, auf dem Sie liegen. Stellen Sie sich vor, Ihre Knochen wären so schwer, dass sie durch die Matratze hindurchsinken, durch den Holzboden unter Ihnen, durch das Betonfundament des Hauses, in dem Sie liegen. Hinunter in die Erde unter Ihrem Haus. Spüren Sie, wie die Erde Sie sicher trägt.

Lassen Sie den Nacken locker. Nehmen Sie bewusst wahr, dass Ihr Kopf vom Boden unter Ihnen getragen wird. All die Muskeln, die sonst arbeiten, um ihn zu halten, können nun eine wohlverdiente Pause einlegen! Spüren Sie in Ihr Gesicht hinein. Wenn sich die Knochen des Gesichts entspannen, werden es auch die umliegenden Muskeln tun.

Lassen Sie die Stirn ganz glatt werden und alle Sorgenfalten verschwinden. Entspannen Sie den Punkt zwischen den Augenbrauen. Lassen Sie die Augenlider locker. Lassen Sie die Muskeln um Augen und Mund herum ganz weich werden. Entspannen Sie die Kaumuskeln. Nehmen Sie wahr, wie sich Ihr Mund leicht öffnet, wenn sich die Kaumuskeln lockern. Lassen Sie zwischen den Zähnen des Ober- und Unterkiefers eine kleine Lücke. Entspannen Sie die Zunge, sodass sie ganz locker im Mund liegt.

Diese Übung kann man besonders gut mit einem Partner oder guten Freund zusammen genießen. Führen Sie einander nacheinander sanft und langsam durch die Entspannung. Lesen Sie entweder den Text aus *Entspannt durch den Tag* vor, oder formulieren Sie Ihre eigene Version. Geben Sie Ihrem Partner mit leiser, beruhigender Stimme behutsame, keinesfalls strenge Anweisungen. »Lass die Schultern ganz locker«, »Lass den Nacken ganz weich werden«. Und so weiter. Lassen Sie einander viel Zeit, mindestens fünfzehn Minuten pro Person.

Danksagung

Viele wunderbare Menschen haben es mir ermöglicht, dieses Buch zu schreiben. Toni Packer, Rick Jarow, Joanna Macy, Ram Dass und Thich Nhat Hanh verdanke ich zahlreiche Anregungen. Im Laufe vieler Jahre habe ich in Kursen und Workshops einen bescheidenen Teil ihrer Weisheit und Erkenntnisse übernehmen dürfen. Ohne diese Lehrer wäre *Entspannt durch den Tag* nicht entstanden. Von entscheidender Bedeutung für das Konzept dieses Buches waren auch die vielen Schüler und Teilnehmer meiner Anti-Stress-, Entspannungs- und Yogaseminare. Mit ihnen zu arbeiten und von ihnen zu lernen war und ist für mich eine reiche Inspirationsquelle. Seit ich vor dreizehn Jahren begann, mich mit Stressabbau und Yoga zu beschäftigen, haben mich unzählige Kursleiter im Kripalu Center für Yoga und Gesundheit gelehrt, wie man schwierige Situationen ganz bewusst und gelassen meistert. Danken möchte ich vor allem Todd Norian und Karen Kaumudi Hasskarl. Mein Dank gilt auch meinen klugen Anatomie- und Physiologielehrern Dr. Jeffrey Midgow, Adrienne Jamiel und Irene Dowd. Dank ebenfalls an Heather Garnos, meine Lektorin bei New Harbinger, für ihre umsichtige Redaktion und an June Peoples, Adrienne Jamiel, Abby Turner und Katherine Boyle, die viele Stunden mit der Bearbeitung des Manuskripts und der Aufmunterung der Autorin zugebracht haben. Herzlichen Dank zum Schluss auch an Terry Cramer und meine Schwester Lisa Hamilton. Ihre Unterstützung war ungeheuer wertvoll.

Annelie Keil

Wird Zeit, daß wir leben

216 Seiten, Broschur
ISBN 3-7205-2095-1

Wie kann es uns gelingen, unsere Sinne auf ein intensives Leben einzustellen? Wie können Körper und Seele einen Dialog führen? Auf diese Fragen antwortet Annelie Keil mit beeindruckender Offenheit und fordert dazu auf, das Leben mit all seinen Facetten anzunehmen und intensiv zu leben. *Wird Zeit, daß wir leben* ist mehr als ein Aufruf, es ist eine Notwendigkeit, um dem Prinzip Leben nahe zu kommen.

ARISTON